W0205095

DRINKS TO GLOW

Avertissement

Les conseils d'hygiène de vie ainsi que les informations contenues dans ce livre ne peuvent se substituer à un traitement médical en cours. Veuillez consulter en cas de maux chroniques, de déséquilibres, de fatigue persistante et autres symptômes préoccupants.

DRINKS TO GLOW

Mélanie Duféey

Des boissons pour rayonner

LA MAISON
hachette

Sommaire

PARTIE 1

Comment construire des « super boissons » ?

PARTIE 2

Les avantages santé...

et les précautions !

PARTIE 3

50 recettes de boissons

100% GLOW

PARTIE 1

Comment construire des « super boissons » ?

Ces dernières années ont vu naître un engouement autour de boissons bien spéciales : jus détox, power smoothie, golden latte , etc.

Si la promesse est attractive (boire une boisson aux mille vertus extraordinaires), la réalité est bien souvent décevante : pour la majorité d'entre elles, il s'agit avant tout d'arguments commerciaux mis en avant pour vendre un produit. En effet, comme nous le verrons dans de cet ouvrage, **respecter certains critères dans la conception (ou la consommation) de ces boissons est nécessaire pour qu'elles aient un impact significatif et positif sur notre santé**.

Si on met à part le côté sensationnel et commercial des boissons à la mode et que l'on se penche sur l'histoire, on peut s'apercevoir que l'homme prépare et consomme des « super boissons » depuis plusieurs millénaires : bouillons, tisanes et autres décoctions. Leur consommation était en lien avec **une utilité thérapeutique ou nourricière**. Ce constat nous permet de revenir au réel intérêt de ces boissons qui peut se résumer aux trois points détaillés ci-contre.

Avant de nous plonger dans un florilège de recettes dans la **PARTIE 3**, je vous propose d'**apprendre les clés pour composer soi-même** ses recettes de « super boissons » !

Les 3 points

1 Une « super boisson » a pour rôle d'apporter un **bienfait autre que l'hydratation.** Elle peut nous apporter des **macro ou micronutriments** (protéines, glucides, lipides, vitamines, minéraux, oligo-éléments, antioxydants, etc.), ou **être vecteur de propriétés actives** contenues dans ses ingrédients (telles que des plantes pour les tisanes : calmant, digestif, carminatif, cholagogue, galactogène, laxatif, antispasmodique...). Un apport ponctuel (cure) ou une prise régulière (sur le long terme, avec quelques jours de pause) de « super boissons », consommées selon certains paramètres adaptés (dose, rythme, moment de la journée), peuvent être de précieux soutiens pour retrouver et maintenir un meilleur équilibre de vie. **Cela se répercutera notamment sur notre beauté extérieure : peau, cheveux, ongles...**

2 Le type de boisson, ainsi que sa composition, doit être **en accord avec les besoins et les limites de la personne de manière à ne pas lui nuire** (par exemple, la consommation de smoothie par des personnes ayant des problèmes digestifs est néfaste).

3 La boisson peut être une préparation **infusée, bouillie, mixée ou extraite.**

Découvrir les différentes « super boissons » et apprendre à les concocter

Jus

Un jus est une préparation pour laquelle on a **extrait le jus de fruits et/ou de légumes** : il ôte donc les **fibres** de ces derniers. Généralement, cette opération s'effectue avec un extracteur de jus (voir page 33) ; elle peut aussi s'effectuer avec une centrifugeuse.

Si on réalise nos jus nous-même, on privilégiera des **fruits et légumes frais et de saison**. On essaiera de **consommer notre jus dans les minutes qui suivent sa conception** car celui-ci est hautement oxydable (plus le temps passe, plus il perd en vitamines, minéraux et oligo-éléments).

Si on achète nos jus, on privilégiera ceux **extraits à froid et non pasteurisés** : cela nous garantit que leur fabrication et leur conservation sont respectueuses des micronutriments contenus dans les fruits et légumes. La pasteurisation retire environ 35 % des vitamines, minéraux, oligo-éléments et de certains antioxydants.

INGRÉDIENTS

On utilisera des légumes et des fruits en veillant à respecter les proportions suivantes :

- 70 à 100 % de légumes dont une majorité verts ;
- 0 à 30 % de fruits.

Cette composition permet d'éviter l'excès de sucres naturellement présents en plus grande quantité dans les fruits et les légumes orange et rouges (carottes et betteraves).

En effet, les jus étant exempts de fibres (ces dernières jouant un rôle important pour la régulation de la glycémie dans notre organisme), le risque d'un pic d'hypoglycémie est important lorsque le jus contient une trop grande quantité de fruits, de carottes ou de betteraves.

	Optionnel ou indispensable ?	Exemples
LÉGUMES VERTS	Indispensable 70 à 100 %	• Épinard • Céleri-branche, • Concombre • Toutes les salades • Chou vert • Blette, etc.
AUTRES LÉGUMES	Optionnel 10 à 30 %	• Fenouil • Chou blanc ou rouge • Céleri-rave • Carotte • Betterave
FRUITS	Optionnel 30 % maximum	• Pomme • Poire • Fruits rouges (fraise, myrtille, framboise...)
AGRUMES	Optionnel Environ 10 %	• Citron • Orange
NOTE PIQUANTE	Optionnel Moins de 5 %	• Gingembre • Curcuma
AUTRES	Optionnel Touche finale en très petite quantité	Superaliment : spiruline ou chlorella en poudre Hydrolat de verveine ou menthe en été

PRÉPARATION

Après avoir sélectionné nos légumes et fruits de saison, ainsi que les autres ingrédients optionnels (si souhaités), nous allons préparer notre jus de légumes.

1 On veille à sortir en amont les ingrédients du réfrigérateur (pour ceux que l'on conserve ainsi). Cela évite de boire notre jus glacé, ce qui est contreproductif pour notre système digestif (qui dépensera inutilement de l'énergie pour le réchauffer), tout particulièrement pour les personnes frileuses et/ou si nous sommes en hiver ou en l'automne.

2 On lave les légumes et les fruits à l'eau claire.

3 On découpe nos ingrédients en morceaux de taille moyenne. Selon notre extracteur (ou centrifugeuse), les morceaux doivent être coupés plus ou moins petits.

4 On passe ensuite un à un les morceaux dans l'appareil.

5 Si nos intestins sont particulièrement sensibles (ou si nous n'aimons pas les résidus ressemblant à la pulpe), on peut même passer notre jus dans une passoire ultrafine pour être certain qu'il n'y ait aucun résidu.

6 Il est temps de déguster notre jus ! De préférence en conscience, en ensalivant chaque gorgée.

Smoothies

Contrairement au jus (vu précédemment) dont on a retiré les fibres pour ne garder que le jus des légumes et des fruits ; **le smoothie conserve les deux : jus et fibres sont donc présents**.

On obtient un smoothie grâce à un mixeur (aussi appelé « blender » - voir page 33), un appareil permettant de **mélanger, à haute vitesse et à l'aide de lames,** des végétaux : ces derniers sont ainsi broyés en une **préparation liquide et épaisse**. La **texture est plus épaisse et onctueuse** que celle des jus. Selon la puissance de notre appareil, il est possible d'avoir des grumeaux ou des morceaux : plus notre mixeur est puissant, plus la texture sera soyeuse et agréable.

INGRÉDIENTS

La palette d'ingrédients utilisés est vaste : fruits, légumes, noix et graines oléagineuses, microalgues d'eau douce, poudres protéinées, collagène en poudre, huiles végétales, etc.

	Optionnel ou indispensable ?	Exemples
LIQUIDES	Cela dépend de la présence (ou non) de fruits et de légumes aqueux : s'il y a peu d'ingrédients contenant naturellement de l'eau (concombre, pastèque, etc.), on utilisera un liquide comme **base**.	• **Boisson végétale** (amande, châtaigne, soja, riz, millet, avoine...) • **Eau de coco** • **Jus de pomme** • **Eau**
INGRÉDIENTS COURANTS	Ils servent de **goût** et/ou jouent sur la **texture**, et restent optionnels.	• 1 cuil. à café de purée d'**oléagineux** (amande, noisette, noix de cajou) • 1 **fruit frais** de saison (tous) • 1 ou 2 légumes : **concombre, chou kale ou épinard** sont les plus courants pour les smoothies car ils se mixent plus facilement que les autres légumes, souvent trop fibreux ou au goût trop fort à cause de leurs fibres
INGRÉDIENTS EXCEPTIONNELS	Fortement recommandés pour « booster » notre boisson. **On sélectionnera entre 1 et 4 superaliments.**	• **1 banane** qui a un fort pouvoir **alcalinisant** et aide grandement à réduire l'acidité. • 1 cuil. à soupe d'**huile végétale** riche en oméga 3 (noix, chanvre, caméline ou lin) • Des superaliments : ½ cuil. à café de **spiruline** ou **chlorella** 1 cuil. à café de **pollen frais**, de poudre d'açaï ou de **collagène en poudre** 1 à 2 cuil. à café de **maca**, de germe de blé, de **cacao cru**, de **farine de coco** ou de **graines de chia**

PRÉPARATION

Après avoir choisi les ingrédients de notre smoothie, préparons-le :

1 On veille à sortir en amont les ingrédients que l'on conserve au réfrigérateur. Cela évite de boire notre smoothie trop froid (ce qui solliciterait trop notre système digestif), tout particulièrement pour les personnes frileuses et/ou si nous sommes en hiver ou à l'automne.

2 On lave les légumes et les fruits à l'eau claire.

3 On découpe nos ingrédients en morceaux de taille moyenne. Selon notre mixeur (blender), les morceaux doivent être coupés plus ou moins petits.

4 On verse tous les ingrédients dans notre appareil et on mixe !

5 Il est temps de déguster notre smoothie ! On peut le saupoudrer de certains ingrédients en guise de *toppings* : pollen frais, graines de chia, etc. On veillera à boire notre smoothie lentement, en plusieurs gorgées. **Chaque gorgée est comme une bouchée que l'on mange** : notre système digestif a besoin de temps pour traiter chacune d'elle.

Tisanes

Une tisane est une **méthode d'extraction des principes actifs** de parties d'un végétal par **immersion dans un liquide chauffé entre 60 et 90 °C.**

On peut utiliser une multitude de parties végétales et préparer notre tisane de deux manières différentes, **en infusion ou en décoction.**

INGRÉDIENTS

Les parties utilisées peuvent provenir :

- des **feuilles** (verveine, mélisse, ortie, etc.) ;
- des **fleurs** (pétales de rose ou d'hibiscus, boutons de camomille, fleurs de lavande ou de sureau, etc.) ;
- des **épices** (cardamome verte ou noire, badiane aussi appelé « anis étoilé », clou de girofle, graines de cumin ou de coriandre, etc.) ;
- des **écorces** ou des **rhizomes** (aubier du bouleau, gingembre, bâton de cannelle, etc.) ;

On peut utiliser **un seul ingrédient ou plusieurs**, selon nos envies et nos besoins !

PRÉPARATION

Infusion

C'est le procédé le plus connu et le plus souvent utilisé. On l'utilise surtout pour les **plantes séchées ou fraîches**.

1. On place les parties végétales dans un filtre, lui-même positionné dans une grande tasse.
2. Puis, on verse l'eau chauffée à une température entre 60 (si certains ingrédients sont fraîchement cueillis) et 90 °C (pour les plantes séchées).

3 On attend 7 à 10 minutes (selon notre préférence gustative) avant de boire.

Après le temps d'infusion, on peut ajouter du miel, si on le souhaite.

Décoction

C'est un procédé un peu moins connu. On l'utilise lorsque notre synergie contient **des épices, de l'écorce ou des morceaux de rhizomes.**

1 On place les parties végétales dans une petite casserole remplie d'eau (environ 50 cl).

2 On allume le feu et on amène l'eau à ébullition.

3 Dès les premiers frémissements, on baisse le feu au minimum, de manière à ce que l'eau continue à frémir très doucement. On laisse ainsi 10 minutes.

4 À l'aide d'une petite passoire aux trous très resserrés, on filtre et on sert dans une grande tasse.

Si l'on souhaite ajouter du miel, on attend 10 minutes supplémentaires et on peut enfin déguster.

Pour la quantité

Toutes parties végétales confondues, il convient d'utiliser **2 à 4 généreuses pincées** par tisane (1 pincée = quantité prise entre notre index et notre pouce) pour une quantité de 35 à 60 cl.

On adaptera donc approximativement en fonction du volume des parties végétales utilisées ainsi que de leur nombre et de la quantité de notre boisson.

Au moment de déguster notre tisane, on peut y glisser une petite cuillère à café de **miel** : ce dernier est un excellent vecteur des propriétés actives des plantes et permet ainsi à notre organisme d'être plus perméable aux effets recherchés.

Le miel est un produit sensible à la chaleur : on veillera donc à bien l'ajouter juste avant la dégustation de notre tisane et non au moment où l'on verse l'eau chaude (pour l'infusion) ou directement dans la casserole (pour la décoction).

Boissons lactées

Chocolat chaud, latte ou cappuccino sont les plus connus. Ces versions traditionnelles sont réconfortantes et gourmandes, mais elles ne peuvent pas être considérées comme de « super boissons », étant nutritionnellement peu intéressantes.

Les boissons lactées prisées par les adeptes de l'alimentation saine ont le vent en poupe depuis quelques années : matcha ou golden latte, charcoal latte, raw cacao latte, etc. Ces dernières ont pour principe d'allier gourmandise, réconfort et richesse nutritionnelle.

On mélange une boisson végétale à d'autres ingrédients spécifiques, on fait chauffer le tout à une température entre 60 et 90 °C... et on obtient une « super boisson lactée » !

PRÉPARATION

Après avoir choisi les ingrédients de notre boisson lactée, préparons-la :

1 Tous les ingrédients compatibles avec le processus de chauffe peuvent être mélangés au liquide choisi :

- soit à l'aide d'un petit mixeur plongeant ;
- soit dans un bol avec un fouet à matcha (si on utilise du thé matcha) ;
- soit en utilisant rapidement notre mixeur.

Théoriquement, on peut le faire à la main (avec un fouet ou à la fourchette), mais selon les poudres choisies, cela peut être long et des grumeaux peuvent rester en surface.

2 On fait chauffer notre mélange à feu doux, dans une casserole.

3 On éteint le feu avant même qu'il frémisse, dès que l'on voit un peu de rubans de fumée s'échapper.

4 On verse le mélange dans notre tasse et on attend 5 à 10 minutes avant de verser nos superaliments qui craignent la chaleur. Idéalement, la température de notre boisson (si on décide d'y glisser ceux de cette catégorie) doit être en-dessous de 60 °C.

INGRÉDIENTS

	Optionnel ou indispensable ?	Exemples
LIQUIDES	Indispensable	• **Boisson végétale** (couramment) : amande, châtaigne, riz, millet, avoine, coco, épeautre, sarrasin... • **Eau chaude** (plus rarement)
SUPERALIMENTS EN POUDRE compatibles avec le processus de chauffe	Indispensable : ce sont eux qui « boostent » notre boisson lactée On peut en sélectionner autant que l'on souhaite, mais attention à conserver une synergie gustative et nutritionnelle !	• 1 à 2 cuil. à café de **maca** ou d'**ashwagandha** • 1 cuil. à café de **charbon végétal activé** ou **de matcha** • 1 cuil. à café rase de **gingembre et/ou de curcuma en poudre** POUR LE GOÛT : • 1 cuil. à café de purée d'**oléagineux** (amande, noisette, cajou)
SUPERALIMENTS EN POUDRE à ajouter seulement après la phase de chauffe	Ils servent de **goût** et/ou jouent sur la **texture**	• 1 cuil. à café de poudre d'**açaï** • 1 à 2 cuil. à café de **cacao cru** • ½ cuil. à café de **spiruline** ou de **chlorella** ou de **moringa** ou d'**acérola**

Bouillons d'os

Cette boisson sera surement la moins tentante de nos « super boissons ». Et pourtant… c'est sans aucun doute **la plus puissante, riche et bénéfique** du livre, tout particulièrement sur le long terme !

Très utilisée et consommée par nos ancêtres depuis des siècles, cette recette avait perdu de sa superbe au fil des dernières décennies, sans doute car elle se trouve aux antipodes du rythme effréné de notre société (elle demande beaucoup de temps) et peut aller à l'encontre d'un choix de consommer moins de protéines animales (fréquent chez les adeptes du mieux manger).

Assez ironiquement, **sa teneur nutritionnelle et ses bienfaits sont une réelle panacée pour beaucoup de maux de notre société : problèmes d'inflammation, problèmes digestifs chroniques, immunité faible, fatigue, acidification**, etc.

Dans certains pays (Angleterre, Australie, États-Unis, Allemagne), depuis près de deux décennies, on voit un regain d'intérêt pour ces merveilleux bouillons. Dans ces pays, beaucoup de fabricants ont développé des productions qualitatives de briques fraîches de bouillons (à consommer sous 2 à 3 jours). Appelé « **bone broth** » en anglais, je m'étonne de ne pas l'avoir vu débarquer en France.

Nos ancêtres en consommaient pour ne perdre aucune partie des animaux chassés : les os, la carcasse et les ligaments étaient bouillis plusieurs heures afin de récolter le maximum de nutriments nichés à l'intérieur.

Au fil de la cuisson, ces parties très dures s'assouplissent et **libèrent le collagène** : un élément puissant pour **protéger, renforcer et cicatriser les muqueuses digestives**.

Le bouillon d'os est également idéal pour **booster notre système immunitaire** et le soutenir lorsqu'il doit combattre des rhumes, bronchites ou autres maladies ORL.

De plus, il est **très riche en minéraux et protéines hautement assimilables**.

Vous avez peut-être entendu parler de collagène à base de poudre, commercialisé par des marques sous forme de complément beauté ? La majorité sont extraits d'ingrédients marins (écailles, poisson, etc.) et faiblement assimilables. On prend donc son courage à deux mains et on peut décider d'explorer la réalisation de bouillons maison !

INGRÉDIENTS

	Optionnel ou indispensable ?	Exemples
EAU	Indispensable	Eau filtrée ou minérale, de préférence
BŒUF, VOLAILLE, PORC, VEAU, AGNEAU, CHEVREUIL	Indispensable	La partie la plus intéressante est l'**os à moelle du bœuf.** On peut utiliser d'autres parties : une carcasse de poulet, des pieds de porc, des sabots de chevreuil, un bec de volaille.
LÉGUME(S), ÉPICE(S) ET AROMATE(S)	Optionnel Ils apportent du **goût** et permettent d'aromatiser notre bouillon.	• Céleri, fenouil, chou • Sauge, thym, origan, laurier • Clou de girofle, badiane, etc.

Opter pour des morceaux **de bœuf ou de porc** permet d'obtenir des bouillons plus concentrés en collagène (comparé aux volailles et autres animaux).

PRÉPARATION

Pour réaliser un bouillon d'os, nous aurons besoin d'une **grande casserole à fond épais** d'une contenance de 4 à 5 litres.

Ce matériel permet une cuisson homogène et douce pendant de longues heures.

1. Dans notre casserole, nous versons les parties animales choisies : os (à moelle ou non), articulations, bec et autres tissus conjonctifs.
2. On ajoute les légumes, herbes, épices et on recouvre d'eau (environ 3 litres).
3. On règle le feu au maximum. Aux premiers frémissements, on diminue au minimum, on couvre et on laisse mijoter environ 12 heures.

Une fois prêt, le bouillon peut se conserver plusieurs jours au réfrigérateur et même être congelé !

On peut ainsi le préparer durant notre week-end ou pendant des vacances et en congeler la majorité pour plus tard.

Boissons fermentées

Il existe plein de boissons fermentées : le kéfir de lait, les jus de légumes lacto-fermentés, etc.

Dans cet ouvrage, nous allons nous concentrer sur le kéfir et le kombucha qui sont deux boissons fermentées très connues. Toutes deux pétillantes et légèrement acidulées, elles sont pourtant légèrement différentes.

	Kéfir	Kombucha
CLÉ DE FERMENTATION	Grains de kéfir	Mère de kombucha (colonie de bactéries et levures vivant en symbiose) aussi appelé « scoby »
INGRÉDIENTS	• Eau filtrée • Sucre blanc ou de canne • Fruits séchés (figue, abricot...) • Quarts de citron	• Thé noir refroidi • Sucre blanc ou de canne
MATÉRIEL	• Bocal transparent d'une contenance d'environ 2 litres • Compresse stérile (pharmacie) • Élastique • Cuillère en bois ou autre matériau (pas en métal) • Filtre en plastique (pas en métal) • Bouteille en verre de 1 litre ou plus, dotée d'un système de fermeture à charnière	
DURÉE DE FERMENTATION	12 à 72 heures * selon la saison, la température de la pièce et la contenance du bocal	4 à 10 jours * selon la saison, la température de la pièce et la contenance du bocal

Les **grains de kéfir se reproduisent** et la **mère de kombucha grandit**. Au fur et à mesure qu'on les utilise pour réaliser nos boissons, la quantité des grains de kéfir et de la mère de kombucha augmente.

C'est d'ailleurs grâce à cette multiplication naturelle qu'il est **facile d'en trouver gratuitement** : auprès d'un voisin, d'une connaissance ou d'un collègue au travail, ou en accrochant une petite annonce à notre magasin bio. On peut aussi chercher sur Internet : les réseaux sociaux sont de véritables mines d'or pour cela. Il existe notamment des groupes Facebook dédiés aux échanges de grains de kéfir par régions. **Puis, à notre tour, quelques mois plus tard, nous pouvons les offrir à des personnes de notre entourage** qui seraient intéressées par ces petits grains : collègues, amis, membres de notre famille.

Certaines marques en commercialisent également depuis quelques années.

PRÉPARATION

Les **durées** sont approximatives. En effet, **le temps de fermentation varie en fonction des trois facteurs suivants** :

- la **température de la pièce** où repose le bocal. Plus la température sera élevée, plus rapide sera la fermentation (et inversement). Ainsi, durant la saison chaude, le temps de fermentation peut être divisé par deux.
- la **quantité de grains de kéfir ou la taille de la mère de kombucha** : plus elle sera importante, plus la fermentation sera rapide.
- la **quantité d'eau utilisée** : selon la taille de notre bocal (et le nombre de personnes pour lesquelles on réalise la boisson - celles composant notre foyer par exemple), on utilisera plus ou moins d'eau. Plus il y aura d'eau, plus longue sera la fermentation.

Matériel à avoir

Matériel simple

Pour la majorité des « super boissons », du matériel de cuisine assez courant suffit.

Tisanes, boissons lactées et bouillons peuvent se préparer avec des ustensiles que beaucoup d'entre nous possèdent déjà. Dans certains cas, il faudra procéder à certains achats d'ustensiles dont le prix reste plutôt accessible.

Voici ce dont nous aurons besoin pour leur réalisation :

- Une **bouilloire** pour chauffer l'eau des infusions.
- Une **casserole** + feu pour les infusions (si nous n'avons pas de bouilloire), décoctions et boissons lactées.
- Une **théière** ou filtre adaptable sur une tasse pour les infusions.
- Un **mixeur** plongeant (ou mixeur) pour les boissons lactées.
- Une **casserole (faitout) doté d'un fond épais** ou en fonte ou en Inox 10/18 pour la cuisson lente et longue des bouillons.

Quant aux **boissons fermentées**, voici ce dont nous aurons besoin pour leur préparation :

- Un **bocal transparent** d'une contenance d'environ 2 litres. On en trouve dans certains supermarchés, sur Internet ou chez des grossistes. Pensez aux sites de revente entre particuliers, on en trouve à petits prix !
- Une **cuillère en bois**, plastique ou bambou (tout sauf en métal) pour manipuler les grains de kéfir ou la mère de kombucha.
- Un **filtre en plastique** (type petite passoire).
- Des **compresses stériles** (trouvables en pharmacie).
- Un **élastique** assez grand pour maintenir la compresse fermée autour de l'entrée du bocal et éviter que les moucherons et autres insectes tombent dedans.
- Plusieurs **bouteilles en verre** de 1 litre ou plus, dotée d'un système de fermeture à charnière.

DIFFÉRENCES

	Extracteur	Mixeur (ou « blender »)
FONCTIONS	L'extracteur de jus va extraire le jus des fruits et légumes afin d'en faire un jus : **il ôte donc les fibres** des fruits et des légumes.	Le blender va mixer toutes les denrées (fruits, légumes, graines, oléagineuses) et **conserver ainsi les fibres** dans la préparation.
PRÉPARATIONS POSSIBLES	On peut principalement faire des jus avec les extracteurs (certains permettent la réalisation de sorbets en achetant un accessoire supplémentaire).	Les blenders peuvent réaliser un grand nombre de préparations : smoothies, farines maison, purées d'oléagineux, pâtes à gâteau, soupes, purées, glaces ou sorbets... **mais pas de jus !**

En conclusion : **aucun des deux n'est supérieur ou « mieux »** que l'**autre**, tout dépend essentiellement de nos habitudes, préférences, besoins, envies et de notre profil (constitution naturopathique, potentiels déséquilibres, etc.).

Extracteur et blender

Pour la réalisation de jus ou de smoothie, s'équiper est une étape indispensable.

CONSEILS POUR BIEN CHOISIR

Une consommation raisonnée passe par un **choix réfléchi** : cela nous permet ainsi de mieux savourer l'objet convoité à travers nos réalisations culinaires qui ressembleront soit à nos habitudes actuelles, soit à celles que l'on veut acquérir.

Nos priorités peuvent prendre plusieurs formes et déjà resserrer la sélection de robots qui pourraient nous convenir :

- Le **budget** que l'on peut ou que l'on est prêt à lui dédier : ce premier critère sera déterminant pour la suite. Et en même temps, on doit aussi prendre en considération le fait qu'un investissement relativement coûteux sur le moment sera lissé sur le long terme (plutôt que devoir le changer dans 2 ou 3 ans car il sera alors défectueux).
- La **place dont on dispose dans notre cuisine :** les mixeurs sont des robots qui prennent souvent de la place en hauteur et leur taille sont relativement similaires. Quant aux extracteurs, certains sont verticaux et d'autres horizontaux, la place qu'ils prennent est donc notable.
- La **robustesse du robot** est un élément clé pour sa longévité, et donc la durée que vous aurez à l'utiliser ! Certains modèles, attractifs pour leur moindre coût, sont parfois moins résistants (aux chocs, à l'usure dans le temps, aux erreurs de manipulation, etc.). Si vous pensez avoir une utilisation régulière, mais non fréquente (une à deux fois par semaine ou moins), ou que vous envisagez de réaliser des préparations ne nécessitant pas une grande puissance du moteur, ce critère sera moins important pour vous.
- La **facilité de nettoyage** : on y pense généralement assez peu lorsqu'on opte pour un nouveau robot ménager (on est plus en

train de rêver aux infinis possibles à réaliser avec !), mais, croyez-moi, ce critère est primordial ! Il aura une **grande influence sur l'envie et le plaisir que l'on aura à cuisiner** avec notre robot culinaire : si le nettoyage est long et fastidieux (s'il faut détacher plusieurs pièces, par exemple), sur le long terme il est probable que ce soit un frein à une utilisation régulière.

- La **garantie** : le **nombre d'années** pendant lesquelles l'appareil est garanti reflète souvent bien sa **robustesse**. Un autre élément est à prendre en compte : **toutes les pièces sont-elles garanties** ? Dans le cas contraire : **peut-on les changer si l'une se casse ou se détériore,** ou nous sera-t-il impossible de la remplacer ? Pour beaucoup de robots, seul le socle où se trouve le moteur est pris en compte par la garantie.
- **Nos goûts personnels**, au-delà de ce que vous pouvez lire dans cet ouvrage ou ce que vous avez entendu autre part (magazines, vidéos, etc.). Les préparations possibles, obtenues avec l'extracteur, sont-elles plus attrayantes que celles obtenues avec le mixeur, ou est-ce l'inverse ? Savoir écouter nos envies et nos limites permet aussi d'assurer le bon choix. Pour les familles avec un ou plusieurs enfants, j'aurais tendance à conseiller le choix d'un mixeur, car cet appareil est beaucoup plus polyvalent et complet que l'extracteur. Les smoothies sont géniaux pour leur faire consommer des légumes glissés dans des smoothies de fruits, ils adorent les glaces, les purées de légumes sont beaucoup plus rapides à réaliser avec un mixeur, et leurs textures sont plus agréables pour leurs palais exigeants ! Pour ceux qui souhaitent acquérir un extracteur de jus dans le but d'en boire régulièrement et qui n'ont pas déjà cette habitude : il serait peut-être sage de faire le test sur un ou deux mois. On peut dorénavant trouver des abonnements avec des jus de qualité chez certaines marques (Yumi®, PAF®, Wild & The moon®).

Conseils pour tirer le maximum de bénéfices

Règles de base

QUALITÉ

D'une manière générale – et particulièrement lorsqu'on souhaite consommer des préparations « concentrées » en bienfaits –, accorder de l'importance à la qualité des produits que nous consommons est un réel investissement pour notre santé, notre planète et l'économie de petits producteurs :

- privilégions des **circuits courts** : directement du producteur ou de toutes petites marques. Les grandes marques distribuées dans énormément de magasins ont un cycle de vie beaucoup plus longs : les propriétés actives et le goût diminuent dans le temps ;
- pour les **fruits et légumes : suivons les saisons**. Ils auront plus de goût et leur richesse nutritionnelle sera plus intéressante ;
- pour les **boissons végétales** : regardons l'étiquette indiquant sa **composition.** On privilégiera les boissons **sans sucre ajouté** et avec une liste d'ingrédients la plus courte possible ;
- pour les **ingrédients de nos tisanes** : l'idéal est d'acheter soi-même les ingrédients pour réaliser ses tisanes auprès de petits producteurs de notre région. On peut se renseigner sur les marchés autour de chez nous ou sur Internet ;
- pour les **parties animales utilisées dans les bouillons** : renseignons-nous auprès de nos bouchers. On peut aussi trouver des petits producteurs autour de chez nous qui nous ouvrent leurs portes quelques jours par mois.

	Cure ponctuelle	Long terme
JUS	Oui 3 à 7 verres de 20 à 35 cl par semaine	Oui 1 à 3 verres de 20 à 35 cl par semaine
SMOOTHIE	Non	Oui 1 à 4 verres de 10 à 30 cl par semaine
TISANE	Oui 2 à 3 tasses d'environ 35 à 50 cl par semaine	Oui 1 à 3 tasses de 35 à 50 cl par jour
BOISSON LACTÉE	Non	Oui 1 à 3 tasses de 20 à 40 cl par semaine
BOUILLON D'OS	Oui 1 bol d'environ 30 à 40 cl par jour	Oui 1 à 3 bols de 20 à 30 cl par semaine
BOISSON FERMENTÉE	Non	Oui 1 à 5 verres par semaine

Notes

- Les jus sont très refroidissants : on veillera à baisser notre fréquence de consommation durant la saison froide.
- La quantité de 20 à 35 cl est suffisante : souvenons-nous que sans la présence de fibres, tous les glucides présents dans le jus peuvent provoquer un pic d'hyperglycémie (ce qui a d'abord un côté excitant suivi de fatigue et/ou sensation de faim).
- La saison la plus propice pour une cure ponctuelle (et donc à une consommation plus soutenue) est l'été, durant nos vacances.

- Les smoothies sont refroidissants : on limitera leur consommation durant la saison froide, sauf pour les sportifs.
- Les smoothies sont un excellent complément pour les sportifs ou pour ceux qui ne prennent pas de petit-déjeuner le matin.
- Attention, c'est une préparation qui est très irritante pour les intestins sensibles : les personnes concernées doivent les éviter.
- La quantité de 10 à 30 cl est suffisante : un smoothie se boit facilement, certes, mais pensons à cette même quantité si on devait la manger, on en mangerait sans doute moins (la sensation de satiété viendrait plus rapidement).

Que l'on consomme une tisane sous forme de cure ponctuelle ou régulièrement sur le long terme, cela demande une certaine assiduité : en consommer de manière irrégulière ou peu concentrée (les sachets déjà prêts) ne permettra pas aux propriétés actives d'agir en profondeur et de manière durable.

Les boissons lactées sont une véritable gourmandise réconfortante à consommer de temps à autre, pour un petit supplément.

Véritable panacée convenant à tous (attention à ne pas utiliser des aromates, épices ou légumes auxquels on est intolérants), les bouillons d'os peuvent se consommer régulièrement et par tous.

- Le kéfir et le kombucha sont refroidissants : on veillera à baisser notre fréquence de consommation durant la saison froide.
- On essaiera de les boire à température ambiante plutôt que glacés ou frais, cela sollicitera moins notre système digestif.

RÉGULARITÉ

Une « super boisson **plaisir** » peut être prise de **manière sporadique**, ici et là, **selon nos envies**.

Une « super boisson **active** » est celle que l'on consomme aussi car on attend un **résultat physiologique** (énergie, immunité, digestive, etc.). Dans ce cas, la **régularité** doit être adaptée.

Mastication

La première étape de notre digestion est la **seule sur laquelle on peut avoir une action** : la mastication !

Prendre le temps de mastiquer (ou d'ensaliver nos boissons) permet d'assurer une **bonne sécrétion de salive**. On peut comparer le rôle de cette dernière par le « scannage » du contenu de notre bouchée : elle va détecter ce qui se trouve dans notre bouche et informer les étages suivants de notre système digestif de ce qui est sur le point de leur être livré. Chaque étage inférieur (estomac, intestins, etc.) se prépare en produisant notamment les enzymes et sucs digestifs adéquats ! **Bien mâcher permet donc d'assurer le début d'une bonne digestion** !

Évidemment, lorsque l'on consomme une boisson, nous n'avons pas l'habitude de mastiquer nos gorgées. Et pourtant (et tout particulièrement pour les jus, smoothies et boissons lactées), il est très important de prendre le temps d'ensaliver chacune de nos gorgées avant de les avaler.

Pour les personnes ayant tendance à ballonner ou atteintes de problèmes chroniques de digestion, cette étape est encore plus primordiale !

Gandhi aurait déclaré qu'il fallait « manger ses liquides et boire ses aliments solides » !

Température

À TEMPÉRATURE AMBIANTE

Les jus, smoothies et boissons fermentées sont généralement bus froids : les deux premiers car ils sont réalisés à partir d'ingrédients que l'on sort majoritairement du réfrigérateur, et les troisièmes car elles sont conservées au frais.

Cependant, on doit **éviter de boire froid ou glacé.** Cela nous concerne tous et tout au long des saisons.

En effet, absorber de la nourriture ou un liquide glacé constitue un véritable choc thermique pour notre système digestif. Ce dernier (comme le reste de notre corps) doit rester à 37 °C : il s'agit d'une constante vitale immuable (principe d'homéostasie). Ainsi, après l'ingestion de substances froides, notre organisme va réagir en se réchauffant pour tenter d'annuler l'effet glacé interne. Cela requiert beaucoup d'énergie… énergie qui aurait pu être disponible pour d'autres de nos systèmes (immunitaire, nerveux, hormonal, etc.). De plus, en hiver et/ou pour les personnes de nature frileuse, cela peut même être un facteur renforçant une fatigue chronique présente.

EN CAS DE FORTES CHALEURS

Il en est de même durant de fortes chaleurs et l'effet est même contreproductif : si à la déglutition, cela est agréable, sur le moyen et long terme, cela aura l'effet inverse et ne fera qu'aggraver l'impact néfaste de la chaleur sur notre organisme. La raison est simple : cela repousse la sudation de notre organisme et cette dernière est le meilleur moyen pour notre corps d'évacuer la chaleur de manière efficace et durable.

Évidemment, l'idée n'est pas de se priver de ces plaisirs glacés (ils peuvent être si bons…). L'idée est de garder en tête que ce n'est pas le meilleur choix pour notre petit corps pendant l'été, contrairement à ce que l'on pourrait penser.

On doit aussi prendre en compte la température de l'endroit où nous nous trouvons, le taux d'humidité (plus celui-ci est important, plus notre processus de sudation sera en difficulté et moins on supportera la chaleur), ainsi que l'âge des personnes présentes. En fonction de ces trois critères, une forte chaleur peut être dangereuse et la température des boissons bues ne sera pas le plus important.

CONSEILS PRATIQUES QUOTIDIENS

Idéalement, on devrait boire à température ambiante ou légèrement chauffée (entre 35 et 40 °C). En fonction de la saison et de notre constitution ou frilosité, on peut opter pour l'un ou l'autre.

Le matin, avant de prendre son petit-déjeuner (et même si l'on ne mange rien le matin), il est conseillé de boire un grand verre d'eau tiède (35 à 40 °C) : cela permet d'hydrater notre corps (qui sort, en général, de plusieurs heures de sommeil sans s'être hydraté) tout en réveillant notre système digestif en douceur.

CONSEILS PRATIQUES POUR NOS « SUPER BOISSONS »

Pour nos jus et smoothies, l'idéal est de sortir les fruits et légumes du réfrigérateur quelques minutes ou quelques heures (selon la température qu'il fait chez nous) afin qu'ils soient à température ambiante lorsqu'on les passe à l'extracteur ou au mixeur.

Pour nos boissons fermentées, on peut soit sortir la bouteille environ 1 heure avant, soit se servir le verre et attendre qu'il soit à température ambiante.

Les ingrédients, superaliments et émonctoires au service de notre beauté et santé

Détox et « super boissons »

Le mot « détox » est utilisé en masse par un grand nombre de marques pour vendre des cures de jus, stages de jeûne, poudres à diluer, sachets de thé, etc.

Comme cet ouvrage aborde les « super boissons » et que c'est un domaine très plébiscité par la détox, il est donc important de faire un point.

NOS ÉMONCTOIRES : LES PORTES DE SORTIE DE NOTRE CORPS

Le corps humain possède des émonctoires. Ce mot désigne tout simplement les « portes de sortie » que notre corps utilise pour évacuer les choses dont il **n'a pas besoin** :

- nos **poumons**, qui, après avoir inspiré de l'air et capté l'oxygène nécessaire, expirent les gaz (CO_2, etc.) ;
- notre **foie** a une grande capacité de filtration et d'évacuation ;
- nos **reins** et notre **vessie** ont également une capacité extraordinaire de filtration (puis d'évacuation, lorsque l'on va uriner) ;
- nos **intestins** et notre **côlon** (lorsque l'on va à la selle) ;
- notre **peau** avec deux types de « portes de sortie » : les glandes sébacées et les glandes sudoripares (lorsque l'on transpire).

Ainsi, si on part du principe que :

- l'on a une alimentation un minimum saine et variée (pour rappel, cela se fait sur une semaine, pas sur un repas ou une journée),
- l'on n'est pas atteint de pathologie grave entravant le travail de nos émonctoires (ou certains autres cas très particuliers, abordés ci-dessous),

... nos merveilleux organismes sont tout à fait capables de se « détoxifier » tout seuls ! Tous les jours. Sans rien faire de spécial.

Allons un peu plus loin.

LA NATUROPATHIE ET LA DÉTOX

Historiquement, en naturopathie, dans nos accompagnements, on peut être amené à proposer des « cures ». Personnellement, je préfère le terme « **approches** », que je trouve plus approprié car il va désigner, en quelque sorte, une **ligne directrice de la manière dont on conçoit les programmes personnalisés** des personnes que l'on suit. En laissant de côté la subtilité sémantique de ces termes, nous avons quatre approches différentes dans nos accompagnements dont la première et la dernière sont les plus utilisées :

1. la cure (ou approche) **détoxifiante** ;
2. la cure (ou approche) **revitalisante** ;
3. la cure (ou approche) de **stabilisation** : très rare, car elle inclut que l'hygiène et l'équilibre de vie d'une personne est « parfaite » ou presque, ce qui est devenu très rare sur le long terme ;
4. la cure (ou approche) **anti-radicalaire** : imaginée par Daniel Kieffer, il y a quelques décennies, pour contrer les conséquences négatives de notre mode de vie actuel, beaucoup plus oxydant qu'un siècle auparavant (écrans, pollutions, alimentation transformée, etc.).

Évidemment, on va opter pour l'une ou l'autre de ces approches, en fonction de certains paramètres bien précis ! **Un naturopathe ne choisit pas au hasard**, et en aucun cas on ne va opter « automatiquement » pour la détox. Parmi les paramètres sur lesquels on va s'appuyer, il y a :

- la **constitution** de la personne (en naturopathie, nous en avons quatre différentes), car certaines constitutions ont une activité émonctorielle moins puissante que d'autres : foie intestins, peau, etc. ;
- la **saison** : on ne détoxique jamais durant la saison froide. Jamais, sous aucun prétexte !
- la **Force Vitale** de la personne (qui peut être comparée à notre Force de Vie ressentie en ce moment : potentiel de notre digestion, réactivité de notre système immunitaire, énergie au quotidien, etc.) ;
- l'**âge** de la personne ;
- ses **antécédents** ;
- ses **habitudes de vie actuelles** (alimentation, exercice physique, équilibre émotionnel).

→ En s'appuyant sur ces six éléments, on va pouvoir déterminer si, oui ou non, la personne a besoin de se « détoxifier ». C'est donc au **cas par cas**, et en aucun cas de manière systématique.

AUJOURD'HUI

Actuellement, **la Force Vitale d'environ 80 % de la population a pour conséquence que l'on n'a pas l'énergie physiologique nécessaire pour gérer une détox, physiologiquement parlant.** Comme nous l'avons vu, le processus de détox requiert une Force Vitale suffisante pour fonctionner. **En cas de fatigue (nerveuse, émotionnelle, physique), le corps ne sera pas apte à répondre à la stimulation d'une détox**. C'est un peu comme un cheval de course qui est à bout et que l'on va cravacher pour aller plus vite : si on ne le laisse pas se reposer, il va s'effondrer.

Actuellement, **l'écrasante majorité de la population a besoin d'une approche (ou cure) revitalisante : nos organismes ont besoin de soutien, d'énergie, d'être renforcés et chouchoutés.**

Dans ce cadre, les cures revitalisantes, comprenant des « super boissons » (consommées convenablement et à une régularité optimale) et/ou de superaliments, est beaucoup plus adéquate pour la majorité d'entre nous.

MODE DE VIE « ENCRASSANT »

Derrière cette mode de « détox », il y a une volonté de se purifier que je trouve intéressante. Quelque part, beaucoup cherchent à se purifier. Purifier de quoi ? Purifier le corps ? Le mental ? Qu'est-ce que l'on rattache à quelque chose de « sale » qui peut être présent dans notre corps ? Sociologiquement et psychologiquement, il est intéressant de se poser ce genre de question.

Aujourd'hui, **un certain nombre de personnes ont un équilibre de vie qui ne leur convient pas**. On peut imaginer des centaines de raisons : stress, alimentation non adaptée (par manque de temps, d'énergie, d'informations), sommeil perturbé, charge mentale écrasante et épuisante, etc. Mais si c'est notre mode de vie qui est « encrassant », c'est lui qu'il faut changer. **Une cure détox est une illusion. Car si on fait une cure sans changer ces habitudes, c'est comme essayer de sauver un bateau qui prend l'eau en le vidant à l'aide d'un seau**.

Dans la Partie 2 (voir page 54), on abordera l'importance de l'équilibre de vie et la consommation de « super boissons » dans ce cadre.

Eau

L'eau est un des ingrédients principaux que l'on va utiliser pour nos tisanes, bouillons et boissons fermentées. Il est donc intéressant de se pencher sur cet ingrédient si précieux et vital :

IMPORTANCE ET RÔLES DE L'EAU

L'eau que l'on consomme a plusieurs rôles importants pour notre homéostasie (la capacité de notre corps à conserver un équilibre idéal pour vivre) :

1. elle a un pouvoir d'**hydratation** : notre corps est composé à 70 % d'eau et a besoin d'un apport régulier pour le maintenir ;
2. elle participe à évacuer nos toxines grâce à nos reins (et ensuite notre vessie) : une consommation suffisante d'eau permet à notre corps de mieux gérer et évacuer nos toxines par ce biais ;
3. elle joue un rôle au niveau de notre **transit intestinal** en le soutenant ;
4. notre **système lymphatique** a besoin d'un apport hydrique régulier pour son bon fonctionnement ;
5. elle joue en faveur de notre **équilibre acido-basique** (sorte de « météo intérieure » entre deux polarités), car elle favorise la diurèse (fonctionnement de nos reins). De nos jours, le déséquilibre le plus fréquent au niveau de l'équilibre acido-basique est l'acidification de notre organisme. Les reins ont notamment pour rôle d'évacuer une partie des substances acidifiantes exogènes (consommées) ou endogènes (produites naturellement par notre corps).

Ainsi, la qualité de l'eau consommée est importante.

En France, nous avons la chance que **l'eau du robinet soit potable** (exception faite de certaines restrictions survenant régulièrement dans des villes en France, à la suite d'analyses non conformes). On peut donc totalement la consommer et l'utiliser pour notre cuisine quotidienne (cuisson des aliments, bouillons, tisanes, etc.).

Cependant, l'eau du robinet a été filtrée par nos stations d'épuration, mais ces dernières ne filtrent pas les hormones et antibiotiques qui restent dans l'eau et qui se retrouvent donc dans notre verre d'eau.

Les systèmes de filtration au charbon ne sont pas assez puissants pour éliminer ces résidus, de même que les billes en céramique qui ont émergé au cours de ces cinq dernières années.

Idéalement, l'eau que l'on consomme devrait réunir ces trois critères (les deux premiers sont indiqués sur toutes les bouteilles d'eau commercialisées en France) :

taux de résidus secs de moins de 50 mg/litre ;
pH entre 6,5 et 7 ;
résistivité (rô) de 6 000 au minimum.

On peut acheter de l'eau en bouteilles (certaines marques réunissent ces trois critères). Si l'on préfère éviter l'achat de bouteilles (pour des raisons financières ou écologiques), on peut également acquérir un système de filtration à osmose inversée que l'on place sur notre arrivée d'eau. Ce genre de système est assez onéreux au départ (il faut le voir comme un investissement sur le long terme), c'est pourtant le meilleur compromis entre santé, écologie et économie sur la durée.

Boissons végétales

Il existe un grand nombre de boissons végétales : avoine, épeautre, coco, sarrasin, millet, amande, noisette, etc.

Si possible, on privilégiera les boissons **sans sucre ajouté** et avec la liste d'ingrédients la plus courte possible. Si notre système digestif a tendance à ballonner, on évitera celles contenant des gommes (guar ou xanthane) : ces épaississants peuvent accentuer un processus de ballonnements.

Les boisons végétales ont un goût qui varie énormément d'une marque à l'autre. C'est le cas notamment des boissons végétales d'amande et de soja (si bien que l'on a parfois l'impression d'avoir goûté deux produits différents tellement l'écart gustatif est important !). On peut donc s'amuser à goûter et comparer des références différentes.

Fruits et légumes

FRAÎCHEUR

Privilégions les fruits et légumes le plus frais possible et évitons ceux au rabais (bananes noires, légumes mous, fruits presque pourris, etc.), sauf si nous avons un petit budget et/ou que cela est notre priorité d'achat. En effet, les fruits et légumes qui ont commencé à se défraichir sur les étals sont parfois moins chers, mais leur teneur en micronutriments a énormément diminué. Certains d'entre eux (notamment les choux et les bananes) développent même des substances les rendant beaucoup moins digestes, et peuvent provoquer des maux digestifs : il y a donc un **double impact négatif potentiel sur notre énergie avec la teneur en micronutriments amoindrie et le risque de fatiguer notre système digestif**.

SAISONS

De nos jours, on trouve tous les fruits et légumes tout au long de l'année. Quoi de plus simple, par exemple, d'acheter des tomates, courgettes, aubergines ou fraises en hiver ? Supermarchés, magasins bio ou congelés, ils sont à portée de main ! Si l'on prête attention à la provenance de ces denrées, on verra que tous proviennent de l'étranger : Espagne, Italie, et parfois même de pays d'Amérique du Sud ou d'Australie.

Outre l'aspect écologique de consommer de saison, il y a également **un aspect santé, moins connu, celui du respect de notre organisme lui-même : les légumes d'hiver sont plus alcalins que les légumes d'été** (le froid est un facteur indirectement acidifiant, rendant notre corps plus sensible en hiver au déséquilibre acido-basique) : la Nature produit naturellement des choses ont du sens pour nos organismes.

Pour nos jus et smoothies, essayons donc de suivre les saisons et d'éviter les denrées surgelées.

Superaliments

Les superaliments peuvent se glisser aisément dans **nos smoothies, nos boissons lactées et certains jus**.

Un superaliment est un aliment dont la **concentration en micronutriments** (vitamines, minéraux, oligo-éléments et/ou principes actifs tels qu'antioxydants ou enzymes) **est forte par rapport à d'autres aliments de la même catégorie**.

Exemple

L'acérola – un petit fruit ressemblant à une cerise – peut être considéré comme un superaliment notamment grâce à sa teneur extrêmement élevée en vitamine C ; il en contient 50 fois plus qu'une orange.

Leur consommation devrait **avoir des effets bénéfiques sur notre organisme** : préservation du capital santé ou aide pour le retrouver. Cela peut concerner notre beauté, notre immunité, notre énergie, notre équilibre hormonal, etc.

Pour être consommés, les superaliments ne doivent subir que des transformations douces, respectueuses de leur profil nutritionnel (séchage à basse température, réduction en poudre, extraction partielle, etc.).

Bien entendu, comme tous les aliments, ils peuvent aussi entraîner des effets indésirables s'ils ne sont pas consommés correctement et/ou s'ils sont pris par une personne dont le profil n'est pas compatible : on doit donc les choisir avec soin et les consommer avec une certaine assiduité.

En voici quelques-uns qui peuvent nous aider à enrichir nos « super boissons » au service de notre beauté, notre immunité et notre énergie :

	Cibles	Quelles formes pour quelles super-boissons ❄ = attention, ne pas chauffer/cuire ! (pour les boissons lactées)	Dosage
Açaï	BEAUTÉ IMMUNITÉ	Poudre lyophilisée	½ cuil. à café
Acérola	BEAUTÉ ÉNERGIE IMMUNITÉ	❄ Poudre lyophilisée **Ne pas consommer** après 16 h	½ cuil. à café
Cacao cru	ÉNERGIE	Poudre Pâte à faire fondre	Poudre → 1 à 2 cuil. à café Pâte à faire fondre → un morceau de 10 à 30 g
Chanvre	BEAUTÉ IMMUNITÉ	Graines Poudre protéinée	Graines → 1 à 2 cuil. à soupe Poudre protéinée → 1 cuil. à soupe
Chlorella / spiruline / moringa	BEAUTÉ ÉNERGIE IMMUNITÉ	❄ Poudre **Ne pas consommer** après 16 h	½ cuil. à café (si on n'en a jamais consommé), jusqu'à 1 cuil. à café rase
Charbon végétal activé	BEAUTÉ IMMUNITÉ	Poudre ou granulé **Contre-indication :** transit ralenti/constipation	1 cuil. à café
Graines de chia	BEAUTÉ	Graines entières	1 à 2 cuil. à soupe
Maca	IMMUNITÉ ÉNERGIE	Poudre	1 à 2 cuil. à café
Urucum	BEAUTÉ DE LA PEAU	Poudre **Contre-indication :** pathologies du foie	1 cuil. à café

Pour nos tisanes

Voici de quoi se composer une petite réserve de quelques plantes essentielles et faciles à trouver pour notre santé et notre beauté, et réaliser des tisanes sur-mesure :

	Cibles	Actions
Gingembre et curcuma frais	BEAUTÉ DIGESTION IMMUNITÉ	Soutien du système digestif. Anti-inflammatoire. Soutien immunitaire en cas de maladies ORL.
Desmodium ou chardon marie	BEAUTÉ DIGESTION IMMUNITÉ	Soutien du foie (le foie étant un émonctoire important en lien avec la beauté de notre peau et de notre immunité ainsi que la digestion des graisses).
Verveine	ÉNERGIE DIGESTION	Surtout calmante. A également une légère action antispasmodique et anti-inflammatoire, ainsi que digestive.
Feuilles de framboisier	BEAUTÉ	Aide à réguler les crampes menstruelles et notre utérus à mieux évacuer nos règles. Par ce biais, joue un rôle indirect sur notre peau (parce que nous vivons mieux cette période).

	Cibles	Actions
Ortie	BEAUTÉ IMMUNITÉ	Reminéralisante : en cas de déminéralisation importante, notre peau, nos cheveux et nos ongles perdront en éclat et force. Notre système immunitaire sera plus fragile.
Mauve ou guimauve	BEAUTÉ IMMUNITÉ DIGESTION	Émollient pour les intestins fatigués et un transit plutôt ralenti. Un transit régulier permet de limiter les impacts négatifs sur notre peau et sur notre système immunitaire.
Rose	ÉNERGIE DIGESTION	Légèrement calmante. A également une légère action laxative en cas de transit ralenti.
Clou de girofle	DIGESTION IMMUNITÉ	Très réchauffant et stimulant pour notre système immunitaire.
Vigne rouge	RÉTENTION D'EAU DIURÉTIQUE	Permet d'aider à soulager les rétentions d'eau. Active le travail des reins et donc la « détoxification » naturelle de cet émonctoire.

PARTIE 2

Les avantages santé…

et les précautions !

100% GLOW

Les précautions à suivre

Hygiène de vie : aucun substitut

Ces dernières années ont vu l'explosion de marques, livres, articles de presse autour des jus détox ou verts, golden latte, smoothies énergie, tisanes beauté, etc.

On leur prête mille vertus : pétillants de vi(e)tamines, boosteurs de notre capital beauté, détoxifiants de notre organisme, stimulants de notre immunité, etc.

Malheureusement, beaucoup de personnes s'y essaient dans l'espoir de voir se réaliser ces promesses... jusqu'à oublier que **seule une hygiène de vie saine et adaptée**, potentiellement renforcée par un travail sur nous-même pour résoudre des déséquilibres de fond, **nous apportera de réels résultats sur le long terme**.

CONCEPTION ET PRINCIPES DE LA NATUROPATHIE

Il me parait illusoire, voire déresponsabilisant de songer que la consommation seule de « super boissons » contrera un déséquilibre ou nous apportera une magnifique peau et de beaux cheveux.

La consommation de « super boissons » devrait s'inscrire **uniquement dans un cadre complémentaire** et non en tant que substituts miraculeux. Ils peuvent être de réels et intéressants compagnons dans une vie dans laquelle on aurait déjà instauré un minimum de bases saines.

En naturopathie, on essaie de suivre les étapes suivantes :

---

1 Mise en place d'une base nutritionnelle « optimale »

Sur le plan alimentaire, il est important de commencer par modifier et ajuster notre consommation et nos habitudes afin d'équilibrer nos repas sur le long terme.

Une alimentation saine doit rimer avec plaisir, gourmandise et souplesse en cas d'écart. Voici quelques bases :

- **réduire les aliments transformés raffinés** (pain, pâte, riz et sucre) et les plats déjà tout préparés ;
- **consommer quotidiennement des légumes et fruits de saison** (si possible biologiques ou issus de circuits courts) ;
- **essayer de cuisiner davantage**. Cela ne veut pas nécessairement dire prendre beaucoup de temps en cuisine ! Un repas complet et sain peut être préparé en moins de 10 minutes. On peut essayer de revoir son organisation et se rappeler que le plus difficile est l'apprentissage des bons réflexes : une fois ceux-ci acquis, tout est plus rapide par la suite ;

- **consommer plus d'acides gras de type oméga 3**. On les trouve dans les poissons gras (saumon, thon, maquereaux, harengs, sardines, etc.) ainsi que dans les huiles végétales de lin, cameline, noix et chanvre (toutes les quatre se conservent au réfrigérateur sous peine de s'oxyder très rapidement !) ;
- **consommer une portion de protéines par jour environ** (deux œufs, 100 g de poisson, de viande ou de tofu, l'équivalent d'un point fermé de légumineuses, etc.). Bien sûr, on devra adapter notre consommation en fonction de nos besoins (poids, pratique sportive...).

Ce n'est qu'une fois ces fondamentaux intégrés (plus ou moins, restons souples et bienveillants envers nous-mêmes), que la consommation de « super boissons » deviendra pertinente : notre organisme y sera également plus réceptif.

2 Individualisation (personnalisation) nutritionnelle

Une fois ces bases optimales communes mises en place, il est important de personnaliser certains détails de ces mêmes bases afin de **les ajuter au mieux à la personne que l'on est**. En effet, en fonction de différents facteurs tels que notre niveau de stress, notre constitution naturopathique (ou doshique en ayurvéda), de notre Force Vitale, de notre niveau d'activité physique, de notre âge, de potentielles fragilités, pathologies ou déséquilibres déjà présents, certains ajustements seront nécessaires.

Bien sûr, s'il y a un problème, un déséquilibre ou une pathologie : cette individualisation doit être faite **en parallèle d'un travail de fond en naturopathie pour agir sur la (les) cause(s)** et/ou d'un traitement médical.

Par exemple : les jus et smoothies sont considérés comme « simples » à digérer par notre système digestif et riches en micronutriments. Beaucoup de personnes ayant des problèmes digestifs se tournent vers ces préparations, pensant à tort que cela peut les aider (pour plus d'informations, voir page 36).

3 Intégration de compléments tels que des « super boissons », superaliments ou autres compléments alimentaires

De nos jours, il est très difficile de combler des carences nutritionnelles par le biais unique d'une alimentation saine et équilibrée. En effet, le stress, le manque de sommeil, la pollution, etc. augmentent nos besoins en micronutriments. En parallèle de l'augmentation de nos besoins, l'agriculture intensive et l'appauvrissement des sols ont fait diminuer la valeur micronutritionnelle des légumes et des fruits.

Un apport ponctuel (cure) ou une prise régulière (sur le long terme avec quelques jours de pause) de compléments alimentaires, superaliments et « super boissons », **consommés selon certains paramètres adaptés (dose, rythme, moment de la journée) peuvent être de précieux soutiens pour retrouver et maintenir un meilleur équilibre de vie.**

4 Facteurs diminuant nos apports, à limiter

Si, dans nos habitudes de vie, il existe des facteurs diminuant (directement ou indirectement) nos apports, et donc notre équilibre sur le long terme, il serait bon de tenter d'agir sur eux : soit en **faisant un travail dessus** (stress chronique, problèmes de sommeil), soit en **les limitant** (consommation de tabac, d'alcool, trop grande consommation d'écrans, etc.).

Pour nous aider dans ce processus, on peut faire appel à un grand nombre de soutiens (sophrologie, travail avec un psychologue, etc.) et mettre en place de meilleures habitudes (remplacer par d'autres boissons, consommer davantage en pleine conscience, etc.).

La question du cru

Les bienfaits des jus et smoothies sont intrinsèquement liés à la valorisation de la consommation des aliments crus.

Privilégier le cru est un conseil que l'on retrouve régulièrement dans le discours des fabricants d'extracteurs ou mixeurs, ainsi que dans des articles de journaux. Certains courants prônent même un style de vie où manger exclusivement cru serait une panacée.

Si nous nous basons sur le fait que le cru est riche en nutriments et que la cuisson détruit ces derniers, on pourrait donc logiquement en conclure que les jus et smoothies sont un concentré extraordinaire de vitamines que l'on peut offrir à notre organisme pour booster notre énergie et tous nos systèmes... non ?

Ce raccourci peut être tentant, mais il est erroné pour une multitude de raisons.

Cuire un aliment **permet d'attendrir les fibres** et donc **augmente la digestibilité de la majorité des aliments**. Un point qui sera encore plus important pour ceux souffrant de troubles digestifs chroniques (qui concernent près d'une personne sur deux en France).

- Certains **types de cuissons sont plus doux et respectueux des micronutriments des aliments** : c'est le cas de la cuisson à **basse température** (à l'étouffée) et de la cuisson à **la vapeur douce.** C'est un compromis idéal entre digestibilité et qualités nutritionnelles.
- Les légumes et fruits crus demandant plus d'énergie et de temps à être digérés (que les cuits), ils sont donc **plus longtemps sujets à la fermentation intestinale, ce qui, au final, les rend acidifiants. Ils peuvent ainsi entrainer des renvois gastriques, des ballonnements et flatulences, ainsi qu'une mauvaise haleine.**
- En naturopathie, **certaines constitutions devraient éviter plus que d'autres l'excès de crudités : c'est le cas des nerveux et des bilieux sous-vitaux.**

- L'ayurvéda et la médecine traditionnelle chinoise vont plus loin dans leur explication physiologique : le concept de notre **feu digestif est primordial selon ces deux approches (appelé « agni » en ayurvéda, la médecine traditionnelle chinoise le désigne dans le couple des organes estomac/rate).**

Bien sûr, la digestion est plus complexe que cela sur le plan physiologique. Ici, nous nous plongeons dans ces médecines ancestrales qui traitent des organes digestifs par un autre angle.

Un feu digestif de qualité nous est nécessaire pour chauffer, traiter et transformer nos aliments en substances pouvant être utilisées par la suite par notre organisme.

Si l'on prend l'exemple d'un verre d'eau froide que l'on verserait dans une casserole : après avoir allumé le feu, on devra attendre quelques minutes et un apport d'énergie (électricité) pour que l'eau chauffe. Selon ces deux médecines ancestrales, le même processus est valable pour notre corps : lorsque l'on ingère une substance n'ayant pas subi une phase de transformation incluant de la chaleur (comme la cuisson), notre corps doit dépenser de l'énergie pour pouvoir la réchauffer. Or, cette énergie nous fait puiser dans nos réserves énergétiques et peut nuire à notre santé si l'on n'a pas un feu digestif assez puissant. **Ainsi, les précieux nutriments (vitamines, minéraux et oligo-éléments) que l'on croyait épargner en mangeant cru nous coûtent beaucoup d'énergie pour les digérer et les assimiler.**

Pour consommer des jus et smoothies en préservant notre « feu digestif », on peut se référer aux conseils proposés dans la Partie 1 de cet ouvrage (voir page 39).

Chaque « super boisson » passée à la loupe : avantages et limites

Nos « super boissons » possèdent énormément d'avantages :

- elles sont **rapides** à préparer (jus, smoothie, tisane, boisson lactée) ;
- elles peuvent être **ultra gourmandes** et permettent ainsi de prendre du plaisir à enrichir notre alimentation (plutôt que de simplement avaler un complément alimentaire sous forme de gélule ou cachet) ;
- on peut **varier** les préparations pour avoir **beaucoup de textures, couleurs et goûts différents** : entre un jus vert, une boisson lactée chocolatée, un smoothie aux fruits d'été et une tisane digestive, les plaisirs sont très différents !

Et, bien évidemment, elles peuvent toutes s'inscrire dans nos journées pour **enrichir nos apports nutritionnels** et **soutenir le fonctionnement de notre organisme**.

Toutes possèdent cependant des **propriétés légèrement différentes** et toutes ont également des **limites : contre-indications, précautions ou inconvénients** pour certaines personnes.

Voyons cela ensemble pour chacune des catégories de nos « super boissons ».

Jus

BIENFAITS

Les jus contiennent une grande quantité de vitamines, minéraux, oligo-éléments et enzymes dont notre alimentation moderne est souvent appauvrie. En consommer une à trois fois par semaine permet d'**augmenter notre apport de micronutriments** (vitamines, minéraux, oligo-éléments, enzymes et antioxydants) et de compenser une hygiène alimentaire peu équilibrée ou notre mode de vie moderne. Rappelons que le stress chronique, le manque de sommeil, la pollution, etc. sont oxydatifs : en d'autres termes, **nos besoins en micronutriments se voient décuplés** si l'on est concerné par un de ces facteurs.

De plus, l'agriculture intensive, l'appauvrissement des sols, la culture hors sol, etc. produisent des légumes et des fruits dont la teneur en vitamines, minéraux et oligo-éléments ont drastiquement diminué au cours de ce dernier siècle.

Chaque jus est un petit « shoot » en micronutriments, bien apprécié de manière ponctuelle.

LIMITES

La préparation des jus nécessite un **matériel spécifique** (extracteur ou centrifugeuse) et donc un **investissement financier**, ce qui peut être un frein pour certaines personnes.

Comme ils sont dépourvus de fibres (et ces dernières étant importantes pour une bonne gestion de la glycémie), la consommation de jus de manière très régulière peut provoquer des **pics d'hyperglycémie**, surtout s'ils ne sont pas bien équilibrés et/ou si on les ensalive trop peu (voir page 38).

Réaliser un jus dont la composition est équilibrée n'est pas si simple : très souvent, **nos recettes maison (ou les préparations dans le commerce) sont beaucoup trop sucrées** (voir page 14 pour découvrir les secrets des recettes idéales).

Les jus sont assez « **refroidissants** » : leur consommation, tout particulièrement durant la saison froide (automne/hiver), doit être évitée pour les personnes les plus frileuses, ou tout du moins limitée.

On veillera à les consommer à température ambiante, pour tous, toute l'année (voir page 39 et page 58, où l'on aborde la consommation de denrées crues).

Les personnes ayant des **problèmes digestifs chroniques** ont, le plus souvent, un système digestif fragilisé ou déséquilibré, et devront être vigilants quant à leur consommation des jus de légumes, tout particulièrement les personnes atteintes du syndrome de l'intestin irritable et celles souffrant de diarrhée chronique. La consommation régulière de jus peut être néfaste et accentuer leurs maux.

Smoothies

BIENFAITS

Rapide à faire (en moins de deux minutes, un smoothie peut être préparé !), transportable facilement, il est l'allié des goûters ou des petits-déjeuners sur le pouce.

Il permet facilement d'y **glisser des superaliments** (acérola, graines de chia, açaï, cacao cru, farine de coco, etc.) ou **compléments alimentaires en poudre**.

Parfois, la volonté de consommer régulièrement ces denrées précieuses et concentrées en micronutriments est là, mais on ne sait pas les intégrer dans notre quotidien : les smoothies sont formidables pour cela. Comme il n'y a pas de phase de chauffe, même **les plus fragiles sont bien préservés**.

La variété des **notes gustatives est beaucoup plus large** que pour les jus : fruité, chocolaté, vanillé, vert...

Toujours comparativement aux jus : comme les fibres sont présents (et jouent un rôle sur notre glycémie), on peut se permettre d'**augmenter légèrement la part de fruits par rapport aux légumes**. Bien sûr, cela ne nous dispense pas de continuer à prendre le temps de le consommer, gorgée après gorgée, tout en l'ensalivant.

Véritable bombe de vitamines, minéraux, antioxydants, enzymes et oligo-éléments (surtout si on l'enrichit de quelques superaliments) ! Un smoothie est une **très bonne alternative pour un petit-déjeuner** ou une **collation après une séance de sport**.

LIMITES

Comme pour les jus : la préparation des smoothies nécessite un **mixeur un minimum puissant** (aussi appelé « blender ») et donc un **investissement financier**. Celui-ci est toutefois plus rapidement rentabilisé que l'extracteur car une multitude d'autres préparations peuvent être réalisées avec un mixeur (soupe, farine maison, pâtes à gâteau, purée d'amandes ou noisettes, etc.)

En fonction de la composition de nos smoothies (s'il y a trop de fruits, par exemple), du volume de la préparation (plus de 30 cl) et de notre assiduité à bien ensaliver chaque gorgée... boire des smoothies peut provoquer des **pics d'hyperglycémie**.

Durant la **saison froide** - excepté pour les sportifs - on devrait revoir à la baisse notre consommation de smoothie : entre un à trois par semaine, en privilégiant de le consommer à température ambiante.

Si l'on souffre de **problèmes digestifs chroniques**, la consommation de smoothie est fortement déconseillée : dans la majorité des cas, leur consommation aggravera nos troubles.

Tisanes

BIENFAITS

La plus grande force des tisanes est qu'elles peuvent **répondre à un très grand nombre de besoins** : chaque sommité fleurie, feuille, épice, rhizome, baie a des propriétés actives utiles !

Toutes celles **qui soutiennent nos émonctoires** (voir page 41) permettent de soutenir indirectement notre beauté : les résidus et autres toxines sont ainsi évacués plus facilement.

L'ortie, très reminéralisante, est une valeur sûre également (notre beauté, nos cheveux et nos ongles étant très sensibles à l'acidification de notre organisme).

Elles sont **rapides à préparer** : en 10 minutes, elles peuvent nous accompagner lors d'un moment de détente ou un moment studieux.

Inutile d'avoir beaucoup d'ingrédients à la maison : il suffit d'en choisir entre un à trois **bien adaptés** à nos besoins, pour que la consommation de tisane nous aide.

LIMITES

La plus grande limite réside dans la **grande rigueur** que la consommation de tisane demande : comme nous l'avons vu dans la Partie 1 (voir page 36), il y a une différence notable entre « tisane **plaisir** » et « tisane **active** ». Si l'on souhaite que notre consommation de tisane réponde à des besoins spécifiques, il nous faudra en **consommer une à trois tasses par jour et ce, tous les jours**.

De plus, il faudra veiller à la **qualité des ingrédients utilisés** : on délaissera les sachets de tisanes déjà prêts (trop faiblement dosés) et on se tournera vers des **sachets en vrac** de petits producteurs. Si possible, on regardera la date de récolte du produit.

Boissons lactées

BIENFAITS

Les boissons lactées ont le don merveilleux d'**allier facilement gourmandise, réconfort et bienfaits** : une boisson chaude, ronde, gourmande, tout en étant bénéfique pour notre corps... ça peut nous évoquer des souvenirs d'enfance (ou d'âme d'enfant) de potions magiques !

Comme pour les smoothies, les boissons lactées permettent facilement d'y **glisser des superaliments** ou **compléments alimentaires en poudre** (matcha, spiruline ou moringa, açaï, cacao cru, maca, charbon végétal activé, etc.). En plus de satisfaire nos besoins nutritionnels, ils permettent de donner de **jolies couleurs** : vert, violet, noir, beige, bleu...

LIMITES

Les boissons lactées étant le plus souvent chauffées, il faudra faire **attention à l'utilisation de certains superaliments sensibles à la chaleur comme l'acérola ou le cacao cru** : pour ceux-là, il conviendra d'éviter de chauffer à plus de 55 ou 60 °C.

On pourrait être tenté de glisser le plus de superaliments et compléments en poudre possible. Cependant, « plus n'est pas nécessairement mieux » et cela peut même être contreproductif : **certains ingrédients peuvent s'opposer** (par exemple, le charbon végétal activé va empêcher l'assimilation de tout autre ingrédient) ou **un mélange trop important** sera peut-être trop gras, riche ou sucré pour notre organisme.

Bouillons d'os

BIENFAITS

De toutes nos « super boissons », les bouillons d'os sont **les plus puissants, riches et bénéfiques** !

Convenant à tous les profils et conditions physiques, ils **sont d'excellents alliés de notre santé et de notre beauté** : leur haute teneur en **collagène** est à la fois bénéfique pour nos intestins (paroi et flore intestinale), notre peau et nos articulations.

Ils **soutiennent activement nos systèmes immunitaires**, aident en cas d'**inflammation**, de **déséquilibre acido-basique**, etc.

Même si les bouillons d'os peuvent être consommés par tous, ils s'adressent plus particulièrement aux **personnes en convalescence, fatiguées, dénutries ou souffrant de problèmes digestifs chroniques, maladie de Lyme et Crohn, ou encore rectolite hémorragique (RCH)**.

Les bouillons d'os sont également **très riches en minéraux et protéines hautement assimilables** : comme ils proviennent des parties animales, notre organisme peut les utiliser rapidement et n'a pas besoin de les synthétiser en une forme utilisable (contrairement aux protéines végétales qui doivent subir une légère transformation).

LIMITES

La seule précaution concerne les personnes intolérantes à certains aliments ou groupe d'aliments (comme les FODMAPs) : si l'on souffre de ballonnements et autres troubles digestifs chroniques, il est possible que nous soyons concernés. Attention alors à la composition du bouillon : en plus des parties animales choisies, on veillera à ne pas utiliser d'ail, d'oignon, de céleri, de chou, d'échalotes et de poireaux.

Boissons fermentées

BIENFAITS

Le kéfir est une **boisson contenant des probiotiques** : elle fournit à nos intestins des souches de bactéries « amies » qui aident l'organisme à digérer les aliments et à en assimiler les nutriments. Notre flore intestinale impacte **nos systèmes immunitaire** (qui joue un rôle sur les allergies, notamment), **hormonal et nerveux** (sommeil et gestion des émotions). Lorsqu'elle est équilibrée, elle permet également de **synthétiser (fabriquer et transformer) des micronutriments** ; son rôle **d'émonctoire** est précieux pour une évacuation optimale des substances devant être évacuées de notre système (après utilisation et/ou alors qu'elles n'y ont pas leur place, telle que des molécules de synthèse).

Consommer régulièrement des aliments contenant des probiotiques permet donc d'agir et soutenir ces différents systèmes.

LIMITES

Les personnes concernées par **certains déséquilibres de leur microbiote** doivent éviter de consommer du kéfir (ou à des doses et rythmes précis, pouvant être conseillés par un thérapeute) :

- les personnes atteintes du **syndrome de l'intestin irritable** tout particulièrement s'ils traversent un pic inflammatoire et/ou une crise passagère.
- les personnes atteintes de la **maladie de Crohn** ou de la **recto-colite hémorragique** (RCH).
- si l'on est atteint du **candida** (une altération du microbiote), le sucre et ses dérivés devant être évincés, évitez le kéfir jusqu'à rééquilibrage et stabilisation de votre flore intestinale.

Le kéfir contient environ **1 à 2 % d'alcool.** Cette faible présence peut être délicate dans les cas suivants :

- les **femmes enceintes et les enfants** ;
- les **alcooliques** ou les **anciens alcooliques** doivent également s'abstenir d'en consommer (plus par précaution que réel risque de rechute).

Un troisième facteur peut influer sur les bienfaits d'une consommation de kéfir, **celui lié à nos constitutions** :

- les « **nerveux** » et « **neuro-arthritiques** » (naturopathie) ainsi que les **vata prakriti** et **vikriti** (ayurvéda) devront être prudents et éviter de trop en consommer : un à deux verres par semaine en hiver, pouvant aller de deux à quatre durant la saison chaude.
- si les personnes concernées sont dans un cas de « déséquilibres » (sous-vital, par exemple), elles devront éviter toute consommation de kéfir.

Durant la **saison froide**, on devrait revoir à la baisse notre consommation de kéfir : de un à trois verres par semaine, en privilégiant la consommation à température ambiante.

PARTIE 3

50 recettes de boissons

100% GLOW

Voici **50 recettes** de boissons, classées par catégories : jus, smoothies, tisanes, boissons lactées, bouillons et boissons fermentées.

→ Pour les jus, les smoothies et les boissons fermentées : **pensez à sortir les ingrédients ou la bouteille déjà prête** (kéfir/kombucha) **du réfrigérateur** afin que la boisson ne soit pas trop froide. Pour rappel, il convient de consommer nos boissons à température ambiante ou légèrement réchauffées en plein hiver (pour les frileux).

→ Chaque recette sera accompagnée d'un **encart** « **Conseils** » **avec quelques suggestions** permettant à chacun de modifier quelques détails, afin d'**ajuster et personnaliser** la recette en fonction de ses propres goûts, de ce que contient notre cuisine, de suivre les saisons, etc.

→ Toutes les recettes sont soit **végétaliennes** soit peuvent être adaptées facilement (une variante végétalienne sera alors précisée automatiquement dans l'encart **Conseils pour personnaliser**).

Il y en a pour tous les goûts. Tout le monde y trouvera son bonheur. ♥

À garder à l'esprit

La préparation de ces boissons ne peut et ne doit pas se substituer à un régime équilibré et un travail de fond sur notre équilibre de vie général (alimentation, gestion du stress, sommeil, etc.).

Les jus

100% GLOW

Fraise, rose
et compagnie

Les fruits rouges sont ceux contenant le **moins de sucre** et le **plus d'antioxydants** (utiles pour lutter contre le vieillissement de nos cellules, dont celles notre peau). On peut utiliser et recycler des fraises qui seraient un peu ramollies. Nutritionnellement, comme nous l'avons vu, ce n'est pas idéal... mais c'est toujours mieux que de gâcher. Et souvenons-nous également que l'équilibre se fait sur la durée !

Le fenouil est connu pour ses propriétés **digestives**.

La betterave est également riche en **antioxydants** : elle apportera une **jolie couleur rose foncé** à notre boisson.

Ingrédients

5 min
de préparation

fraises

un autre fruit rouge : framboises, myrtilles, etc.

fenouil

½ betterave crue

Matériel nécessaire : **extracteur**

On commence par laver les fruits et le fenouil. Si besoin, on brosse la betterave pour retirer les résidus de terre.

Ensuite, on passe à l'extracteur tous les ingrédients préalablement découpés en fonction de la puissance de notre machine.

On verse dans un verre et on déguste en conscience !

Conseils pour personnaliser + les bienfaits

1. Tous les fruits rouges sont les bienvenus : framboise, groseille si on aime l'acidité. Les myrtilles sont de véritables bombes antioxydantes !

2. On peut enrichir notre jus avec une demi-cuillère à café rase d'açaï en poudre : que ce soit au niveau de la couleur ou gustativement parlant, cet ajout de superaliment sera parfait !

IMMUNITÉ • PEAU • ONGLES/CHEVEUX • DIGESTION • ÉNERGIE

Le jus parfait

Au niveau de sa composition et de son équilibre gustatif, ce jus est parfaitement équilibré !

Très hydratant (grâce au concombre), **réchauffant** et donc idéal en hiver pour les frileux (gingembre), plein de **vitamine C** (citron), **digestif** (fenouil) et riche en **chlorophylle** (céleri-branche), sa composition est exemplaire ! La pomme apporte une petite note sucrée qui contrebalancera le côté légèrement acide et le peu d'amertume qu'il peut y avoir.

Ingrédients

10 min
de préparation

100% YUMMY

fenouil
céleri-branche
concombre
½ pomme
citron
gingembre

Matériel nécessaire :
extracteur

On commence par laver les légumes et la pomme.

On ôte la pulpe du citron et on retire la peau du gingembre (assez amère).

Ensuite, on passe à l'extracteur tous les ingrédients préalablement découpés en fonction de la puissance de notre machine.

On verse dans un verre : notre jus est prêt à être dégusté !

Conseils pour personnaliser + les bienfaits

1 On peut opter pour une pomme acidulée (type Granny) si on aime ça. En optant pour une pomme plus sucrée, cela permet de contrebalancer l'équilibre gustatif de notre jus.

2 Le concombre peut être passé tel quel à l'extracteur. Comme sa peau est assez amère, on peut l'ôter totalement ou une lamelle sur deux, si on y est sensible.

100% YUMMY

Les agrumes
au service de notre immunité

Plutôt que de le consommer le matin, à jeun, **le jus d'orange est plus adapté en guise d'en-cas** (matinal ou durant l'après-midi), ainsi que pour **récupérer après une séance de sport**. En effet, selon les préceptes de la naturopathie, commencer la journée en buvant un verre de jus d'orange le matin est un peu trop acidifiant pour notre système digestif et notre organisme, qui sont à jeun après une nuit de sommeil.

En ajoutant quelques pincées d'ingrédients choisis soigneusement (acérola ou poudre de baobab), j'ai confectionné **un « super » jus d'orange, très facile à réaliser**, dont la teneur en **antioxydants et en vitamines est largement décuplée**.

L'urucum est un superaliment : c'est l'aliment au monde le plus riche en **bêta-carotène**. Cette dernière a plusieurs rôles au service de notre beauté et de notre santé : très bénéfique pour notre peau, elle donnerait un « teint de pêche ». Des études ont également montré qu'elle est intéressante pour la **cicatrisation de la paroi de nos intestins abîmés**.

Le bêta-carotène étant « liposoluble », elle a besoin d'un corps gras pour être assimilé par notre corps, d'où l'importance d'ajouter un peu de purée d'amandes blanches ou de purée de noix de cajou.

Ingrédients

5 min
de préparation

3 oranges

gingembre ou curcuma frais

1 cuil. à café d'urucum en poudre

½ cuil. à café rase d'acérola ou 1 cuil. à café bombée de poudre de baobab

1 cuil. à soupe de purée d'amandes blanches (ou de noix de cajou)

Matériel nécessaire :
extracteur

On commence par obtenir du jus d'orange à partir des oranges : soit avec un presse-agrume, soit à l'extracteur ou à la centrifugeuse. Si on utilise ces derniers, on passera également les morceaux de rhizomes de gingembre et de curcuma frais.

Une fois le jus obtenu, il suffit de verser le jus d'orange et tous les autres ingrédients dans une carafe, et de mélanger jusqu'à homogénéisation. Selon la texture de notre purée d'amandes ou de noix de cajou (les fonds de pots sont parfois un peu plus durs), il sera peut-être nécessaire d'utiliser un petit fouet (manuel ou électrique).
Si on a un blender très puissant, on peut faciliter cette étape en y versant tous les éléments, et en mixant entre 45 secondes et 1 minute.

Conseils pour personnaliser + les bienfaits

1 Les personnes présentant des signes d'acidification (grande frilosité, problèmes articulaires chroniques, cheveux cassants, etc.) devront consommer cette recette de manière épisodique : les agrumes peuvent renforcer l'acidification.

2 On peut remplacer l'urucum par une ou deux carotte(s) : l'apport en bêta-carotène ne sera pas aussi riche mais il restera présent.

3 La purée de noix de cajou (ou d'amandes blanches) apporte de la rondeur et contrebalance l'acidité des agrumes. Comme ce sont des corps gras, leur présence aide à la bonne assimilation du bêta-carotène. On peut utiliser une huile végétale à la place.

IMMUNITÉ · PEAU · ONGLES/CHEVEUX · ÉNERGIE

100% YUMMY

Vert digestif
et énergisant

Réalisé à base de **fenouil** et de **céleri-branche**, on pourrait s'attendre à avoir un goût fort, voire désagréable. Cependant, les notes **anisées et acidulées** (dominantes) sont **adoucies et légèrement sucrées** par la présence de la **pomme**.

À ce trio délicieusement équilibré, une note florale et délicate s'invite... Telle les prémices d'un printemps, la **verveine**, une des plantes solaires, sous forme d'**hydrolat**, parfume agréablement notre jus. Sur le plan physique, l'hydrolat de verveine aide à apaiser les **spasmes intestinaux**, et ses propriétés de **soutien hépatique** (foie) en font un **soutien digestif**.

On peut aussi y glisser un soupçon de spiruline, chlorella ou moringa (toutes sous formes de poudres), pour un coup de fouet encore plus puissant. Leur richesse respective en **chlorophylle**, en **protéines hautement digestes et assimilables**, ainsi que leur pouvoir **alcalinisant** est une source réelle et puissante de bienfaits pour notre petit corps. ♥

Concernant les hydrolats : il faut veiller à choisir des marques proposant des hydrolats « purs » et de qualité alimentaire (sans ajout d'autre ingrédient type alcool, conservateurs...). On en trouve en magasin bio, en pharmacie ou sur Internet.

Ingrédients

5 min
de préparation

1 petit fenouil
1 branche de céleri
1 pomme petite ou moyenne
1 cuil. à café d'hydrolat de verveine
1 pincée de spiruline ou chlorella ou moringa (facultatif)

Matériel nécessaire :
extracteur

On lave les légumes et la pomme.

Ensuite, on passe à l'extracteur tous les ingrédients préalablement découpés en fonction de la puissance de notre machine.

On verse dans un verre et on ajoute un de nos trois superaliments en poudre riches en chlorophylle si on le souhaite. On mélange à l'aide d'une paille ou d'une cuillère.

On déguste en conscience !

Conseils pour personnaliser + les bienfaits

1 Les personnes n'ayant pas l'habitude de boire des jus et/ou de la spiruline, chlorella ou moringa : allez-y progressivement parce que ce duo peut provoquer une accélération du transit ! Les premières fois, on peut se contenter du jus sans superaliment.

2 L'hydrolat de verveine est également facultatif et peut être remplacé par des feuilles de verveine ou de mélisse du jardin.

PEAU · ONGLES/CHEVEUX · DIGESTION

100% YUMMY

L'automne
dans un jus gourmand

Carotte et **pomme** forment un duo aux **notes naturellement sucrées**. Cette association simple et classique est une excellente base que l'on peut agrémenter et enrichir en fonction de nos envies, de nos goûts, des saisons et du contenu de notre réfrigérateur. Fenouil, chou-rave, gingembre et curcuma se marient bien avec, et permettent de conserver une jolie couleur orange. Pour ceux qui n'accordent pas d'importance à la couleur de leur jus, on peut étendre cette palette à tous les légumes. L'ajout des légumes verts et/ou violets à ce duo donnera une couleur marron à votre jus, aspect peu appétissant, mais aux notes gustatives agréables, si l'association est bien choisie.

La gourmandise nichée dans notre joli verre orangé est apportée par la **cannelle** et la **noisette**. Elles apportent une note **ronde, gourmande et pralinée**, très étonnante pour un jus de légumes. Cette originalité ravira les enfants, les non habitués aux jus de légumes, et tous ceux qui s'y montrent réticents. La cannelle est apportée par un **hydrolat** (comme la verveine dans le jus précédent). Sur le plan physique, l'hydrolat de cannelle a de puissantes propriétés **antibactériennes, antivirales et antifongiques**.

Le goût de noisette est apporté par l'huile végétale de noisette. La présence d'un **corps gras** (huile, oléagineux ou purée d'oléagineux) est nécessaire à notre organisme pour qu'il puisse **assimiler au mieux le bêta-carotène** (substance liposoluble contenue dans la carotte).

Concernant les hydrolats : il faut veiller à choisir des marques proposant des hydrolats « purs » et de qualité alimentaire (sans ajout d'autre ingrédient type alcool, conservateurs...). On en trouve en magasin bio, en pharmacie ou sur Internet.

Ingrédients

5 min
de préparation

1 pomme
1 à 2 carottes (selon leur taille)
1 cuil. à café d'huile de noisette
1 cuil. à café d'hydrolat de cannelle

Matériel nécessaire :
extracteur

On commence par laver la pomme et les carottes.

Ensuite, on passe à l'extracteur tous les ingrédients préalablement découpés en fonction de la puissance de notre machine.

On verse dans un verre puis on finit par un filet d'huile de noisette et l'hydrolat de cannelle.

On déguste cette gourmandise automnale.

Conseils pour personnaliser + les bienfaits

1 Pour une note encore plus automnale : on peut remplacer la pomme par un kaki. Également riche en bêta-carotène, le jus sera tout aussi délicieux !

2 Pour équilibrer davantage le jus (il sera cependant un peu moins gourmand), on peut ajouter un peu de fenouil, de céleri ou de chou blanc.

Jus d'amour

100% YUMMY

Le **chou rouge** a un goût (très) prononcé qui peut être désagréable s'il est utilisé en trop grande quantité et/ou pour les palais délicats et sensibles. On veillera donc à ajuster sa quantité en fonction de nos propres goûts. Il est riche en soufre, un oligo-élément utile pour la beauté de nos phanères (ongles et cheveux).

Parfumer ce jus avec de l'**hydrolat de rose** m'a semblé une évidence. Couleur de l'amour, de la douceur, de la tendresse. L'hydrolat de rose a de légères propriétés **antispasmodique et antiseptique**, mais il est surtout utilisé pour ses propriétés d'équilibrant hormonal.

Concernant les hydrolats : il faut veiller à choisir des marques proposant des hydrolats « purs » et de qualité alimentaire (sans ajout d'autre ingrédient type alcool, conservateurs...). On en trouve en magasin bio, en pharmacie ou sur Internet.

Ingrédients

5 min de préparation

3 feuilles de chou rouge
1 poire
2 betteraves crues
1 cuil. à café d'hydrolat de rose

Matériel nécessaire :
extracteur

On commence par laver les feuilles de chou et la poire. Si besoin, on brosse les betteraves pour retirer les résidus de terre.

Ensuite, on passe à l'extracteur tous les ingrédients préalablement découpés en fonction de la puissance de notre machine.

On verse dans un verre puis on finit en ajoutant un filet d'hydrolat de rose.

Conseils pour personnaliser + les bienfaits

1 L'hydrolat de rose est facultatif : il apporte un goût original que les sensibles apprécieront. Il peut aussi s'utiliser sur le visage (en imbibant un coton et en le passant sur le visage le matin ou le soir).

2 La poire peut être remplacée par une pomme ou deux kiwis si l'on souhaite rehausser de vitamine C notre jus.

100% YUMMY

Jus
pour canicule

Comme nous l'avons vu dans la Partie 1 (page 39), boire glacé ou froid en période de fortes chaleurs est contre-productif pour notre organisme. En effet, boire trop froid stoppe le processus de transpiration qui est le moyen que notre corps utilise pour éliminer la chaleur de notre organisme : l'élimination naturelle de notre organisme est donc ralentie. Idéalement, on doit boire à température ambiante ou très légèrement tiédie (entre 35 et 40 °C).

En parallèle, en cas de fortes chaleurs, il est plus que jamais important de s'hydrater convenablement.

L'eau de coco a un très fort pouvoir d'hydratation : sa concentration naturelle en sels minéraux fait d'elle une source d'**hydratation** et de **reminéralisation** importante.

La pastèque est également très riche en eau, en minéraux et oligo-éléments.

Les deux combinés, avec l'ajout d'un petit goût végétal rafraichissant avec l'hydrolat de verveine, permettent de créer une boisson idéale en fortes chaleurs. Notre peau, dont l'éclat est très en lien avec notre hydratation, appréciera d'autant plus !

Ingrédients

5 min
de préparation

500 g de pastèque

30 cl d'eau de coco

1 cuil. à soupe d'hydrolat de verveine

Matériel nécessaire :
extracteur

On découpe la peau de la pastèque.

On passe la pastèque à l'extracteur.

On mélange le jus obtenu avec l'eau de coco et l'hydrolat de verveine.

On sert... et on déguste ce rafraichissement en savourant !

Conseils pour personnaliser + les bienfaits

1 L'hydrolat de verveine est facultatif. On en trouve en magasin bio, en pharmacie ou sur Internet. On veillera à choisir des marques proposant des hydrolats « purs » et de qualité alimentaire (sans ajout d'autre ingrédient type alcool, conservateurs).

2 On peut ajouter un peu de gel d'aloe vera de qualité alimentaire (que l'on trouve en magasin bio) : il a également un très fort pouvoir d'hydratation et est idéal par fortes chaleurs. Attention toutefois : pour certaines personnes, il peut avoir un léger effet laxatif.

PEAU DIGESTION ÉNERGIE

Peau de pêche

100% YUMMY

Le **bêta-carotène** (aussi appelé « pro-vitamine A ») se trouve dans beaucoup de fruits et légumes aux tons orangés : la carotte, les courges dont le potimarron, l'abricot, la patate douce, la mangue, la nectarine...

- La vitamine A joue plusieurs rôles au service de notre beauté et de notre santé : au service de **notre peau,** elle participe à l'aider à **lutter partiellement contre les effets néfastes du soleil**. Elle l'aide également à la régénération des cellules cutanées et au maintien d'une bonne hydratation. La vitamine A stimulerait également la production de mélanine, un pigment responsable de la couleur de notre peau : un bon apport régulier permet d'**avoir un teint de pêche... même en plein hiver**. Au service de **notre vision**, notamment nocturne : elle aide nos yeux à mieux s'accommoder, et plus rapidement à une lumière faible durant la nuit ;
- des études ont montré une corrélation entre le bêta-carotène et une **paroi intestinale saine**. Cette dernière est le milieu où évolue notre microbiote, lui-même en lien avec notre immunité.

Le bêta-carotène étant liposoluble, il a besoin d'un corps gras pour être assimilé par notre corps, d'où l'importance d'y glisser un filet d'huile.

Ingrédients

5 min de préparation

2 carottes
1 orange
1 morceau de 1 cm de curcuma frais et/ou de gingembre frais
1 cuil. à café d'huile de noisette

Matériel nécessaire : **extracteur de jus**

On commence par laver les carottes, on coupe l'orange en deux dont on prélève les quartiers.

Puis, on passe à l'extracteur : les carottes, les quartiers d'orange et le morceau de curcuma et/ou de gingembre frais.

Pour finir, on verse dans un verre et on ajoute l'huile de noisette.

Conseils pour personnaliser + les bienfaits

1 Cette recette peut se réaliser avec d'autres fruits et légumes contenant du bêta-carotène : abricot, pêche, mangue, potimarron, etc.

2 On peut remplacer le filet d'huile de noisette par une autre huile : l'huile de noix se marie bien avec cette recette. On peut également opter pour manger quelques amandes ou noisettes pendant que l'on déguste notre jus. Cela permettra de mastiquer en même temps.

IMMUNITÉ • PEAU • ONGLES/CHEVEUX • DIGESTION • ÉNERGIE

Jus vert
et gourmand d'hiver

100% YUMMY

Un soupçon de fruits d'automne mêlant à la fois **sucré** et **acidulé** (poire et kiwi) pour le goût.

Un peu de **piquant** (gingembre) pour le côté réchauffant et stimulant de notre système immunitaire ainsi que pour notre énergie.

Les épinards et la spiruline apporte une riche dose de **chlorophylle**, une substance fortement concentrée en **antioxydants, minéraux, oligo-éléments et protéines végétales** : parfait pour notre peau, nos ongles, nos cheveux et notre énergie !

Ingrédients

5-10 min de préparation

kiwi
½ poire
1 grosse poignée d'épinards
gingembre
1 pincée de spiruline

Matériel nécessaire :
extracteur

On commence par laver les fruits et les épinards.

Ensuite, on passe à l'extracteur tous les fruits, le légume et le gingembre préalablement découpés en fonction de la puissance de notre machine.

On verse dans notre verre et on saupoudre de notre pincée de spiruline.

Conseils pour personnaliser + les bienfaits

1 Les personnes n'ayant pas l'habitude de boire des jus et/ou de la spiruline : allez-y progressivement parce que ce duo peut provoquer une accélération du transit ! Les premières fois, on peut se contenter du jus sans ce superaliment.

2 On peut remplacer les épinards par n'importe quelle salade : la recette contiendra un peu moins de chlorophylle mais cette dernière sera apportée grâce à la spiruline (qui en contient naturellement en grande quantité).

3 La poire peut être remplacée par une pomme.

Shoot d'antioxydants

Les fruits rouges sont ceux contenant le plus d'antioxydants : d'ailleurs, c'est grâce à ces derniers que les fruits sont rouges, roses ou violets foncés ! Une **consommation régulière en antioxydants aide notre corps à lutter contre les nombreux éléments oxydants de notre société actuelle** : pollution atmosphérique, stress, manque de sommeil, alimentation carençante car industrielle et raffinée, une consommation régulière de médicaments...

La vitamine C a également un fort pouvoir antioxydant : la présence du jus de citron permet de renforcer la puissance de ce jus.

Peut-être vous souvenez-vous des principes de conception pour obtenir des jus équilibrés qui consistent à ne pas utiliser que des fruits (Partie 1 page 13) ? Voici une exception à la règle : en plus d'être les champions en antioxydants, les fruits rouges ont également un autre avantage : ils sont naturellement les moins sucrés parmi les fruits (d'où leur côté légèrement acidulés) ! Ainsi, toujours en respectant la quantité d'un jus de 20 à 30 cl (en plus de veiller à ensaliver consciencieusement nos gorgées), on reste dans l'équilibre des jus !

Ingrédients

1 min de préparation

100% YUMMY

100 g de myrtilles
300 g de fraises
200 g de framboises
200 g de groseilles
1 citron

Matériel nécessaire :
extracteur

On commence par laver les fruits.

On découpe la peau du citron de manière à ne garder que sa pulpe.

Ensuite, on passe à l'extracteur tous les ingrédients (fruits et pulpe du citron).

On verse dans un verre : notre jus est prêt à être dégusté !

Conseils pour personnaliser + les bienfaits

1. L'idée de ce jus est d'utiliser uniquement les fruits rouges, réputés pour leur forte teneur en antioxydants. Cependant, selon la saison et ce que l'on trouve au marché, on peut se concentrer sur deux ou trois fruits rouges.

2. On peut ajouter de l'açaï en poudre, directement dans notre verre, au moment de la dégustation, pour encore plus d'antioxydants.

Les smoothies

100% GLOW

Super vert

100% YUMMY

Cette boisson verte a tout pour plaire : très riche en chlorophylle, elle contient donc beaucoup d'**antioxydants** (bénéfiques pour notre peau et pour lutter contre son vieillissement).

La présence de chair d'avocat permet d'apporter de bons **acides gras** (oméga 9), non seulement bénéfiques pour la peau et nos phanères, mais qui aidera également notre organisme à mieux gérer la glycémie (la présence d'un corps gras permet à notre corps de mieux « lisser » notre glycémie lorsqu'on consomme quelque chose de sucré).

Ce smoothie a également l'avantage d'être peu sucré : il convient comme petit-déjeuner aux personnes ayant un candida (un déséquilibre spécifique de la flore intestinale).

Seule précaution : pour les personnes sous-vitales (fatigue chronique, frilosité), tout particulièrement en hiver, il faudra consommer ce smoothie avec prudence. Si des ballonnements suivent ou que vous devenez encore plus frileux dans les minutes qui suivent, privilégiez sa consommation uniquement durant la saison chaude.

Ingrédients

5 min
de préparation

½ pomme acide

5 à 10 cl d'eau ou de jus de pamplemousse, d'orange ou de citron

la chair d'½ avocat

1 grosse poignée d'un légume vert de votre choix (céleri-branche, épinard, laitue, etc.)

le jus de 1 pamplemousse

½ cuil. à café de chlorella

1 cm de gingembre frais

Matériel nécessaire :
mixeur

Après avoir lavé la pomme, on la coupe en quatre.

On verse tous les ingrédients dans notre blender et on mixe.

On peut allonger avec un peu d'eau, si besoin, en fonction de notre préférence de consistance.

On sert et on déguste !

Conseils pour personnaliser + les bienfaits

1 En fonction de la puissance de notre mixeur, concernant le légume vert choisi : épinard et laitue sont ceux qui se mixent le plus facilement, tandis que le céleri-branche nécessite un mixeur puissant.

2 Les personnes n'ayant pas l'habitude de boire des smoothies et/ou de la chlorella : allez-y progressivement parce que ce duo peut provoquer une accélération du transit ! Les premières fois, on peut se contenter du smoothie sans superaliment.

3 On peut remplacer la chlorella par de la spiruline ou de la moringa (en poudre). Elles sont toutes deux riches en chlorophylle et en antioxydants.

100%
YUMMY

Tarte aux pommes

J'adore ce smoothie ! Il a le goût de l'automne, de la gourmandise, du praliné, et des bonnes tartes aux pommes faites maison !

La **cannelle** a des propriétés légèrement **hypoglycémiantes** : autrement dit, sa présence va aider notre organisme à mieux gérer l'ingestion de sucre. Comme la synergie de ce smoothie est relativement sucrée, sa présence est bienvenue !

Les **graines de chia sont riches en oméga 3 et en fibres** : deux précieux atouts pour notre santé et notre digestion. Elles peuvent avoir un léger (et doux) effet ballast, donc seront bienvenues pour les intestins légèrement paresseux (son rôle ressemble aux graines de psyllium). Attention toutefois à ne pas en abuser : à fortes doses ou trop grande régularité, elle peut accentuer une sensibilité digestive déjà présente.

La **maca** est un superaliment que l'on peut trouver en poudre ou cachets. Il s'agit d'une **plante vivace crucifère** (comme le sont le brocoli, le chou-fleur, le kale, le navet et les radis). Elle est cultivée à des hauteurs de 2 700 à 4 500 mètres d'altitude, ce qui fait de la maca l'aliment poussant dans les plus hautes altitudes au monde. Beaucoup de vent, des fluctuations de températures allant de 18 °C à -10 °C, un sol comportant peu de terre et beaucoup de graviers. Voici les caractéristiques avec lesquelles la maca pousse : ce sont des régions très peu hospitalières, où aucun arbre ne pousse. **Ce sont d'ailleurs ces conditions très particulières qui lui vaut des qualités dites « adaptogènes »**. Énergisante, elle soutient également l'activité de notre thyroïde : durant l'entrée de la saison froide, elle va notamment aider notre organisme à transitionner en douceur et éviter les coups de fatigue.

La **pomme** et la **purée de noisettes** sont là pour le goût ! La purée de noisettes apportant également des bons acides gras, elle aidera notre organisme à mieux gérer la glycémie (la présence d'un corps gras permet à notre corps de mieux « lisser » notre glycémie lorsqu'on consomme quelque chose de sucré).

5 min
de préparation

Ingrédients

1 pomme

1 cuil. à café de purée de noisettes

15 à 20 cl de boisson végétale au riz

1 cuil. à soupe de graines de chia

1 cuil. à café de maca en poudre

1 pincée de cannelle en poudre

Matériel nécessaire :
mixeur

Après avoir lavé la pomme, on la coupe en quatre.

On verse tous les ingrédients dans notre blender et on mixe.

On peut allonger avec un peu de boisson végétale au riz, si besoin, en fonction de notre préférence de consistance.

On sert et on déguste !

Conseils pour personnaliser + les bienfaits

1 On peut remplacer la boisson végétale au riz par une autre boisson végétale : amande, noisette, châtaigne et avoine s'y prêtent pour cette synergie gustative.

2 On peut remplacer la maca par du guarana : cette dernière est plus puissante pour donner un shoot d'énergie. Contre-indication de la maca : en cas d'hyperthyroïdie.

3 La cannelle peut être remplacée par de la vanille ou un mélange « pain d'épices ».

IMMUNITÉ • PEAU

100% YUMMY

Bonne mine
automnale

Le potimarron est riche en **bêta-carotène** qui a plusieurs rôles au service de notre beauté et de notre santé : elle aide **notre peau** à **lutter partiellement contre les effets néfastes du soleil** (sans pour autant remplacer une protection solaire, évidemment). Un bon apport régulier permet d'**avoir un teint de pêche... même en plein hiver** ; elle participerait à renforcer notre **paroi intestinale**. Cette dernière est le milieu où évolue notre microbiote, lui-même en lien avec notre immunité.

La **purée de noix de cajou** est le corps gras de la recette : la présence de graisses (huile, oléagineux ou purée d'oléagineux) est nécessaire à notre organisme pour qu'il puisse **assimiler au mieux le bêta-carotène** (substance liposoluble contenue dans la carotte), en plus d'aider notre organisme à mieux gérer la glycémie.

La **cannelle** a des propriétés légèrement **hypoglycémiantes** : elle va aider notre organisme à mieux gérer l'ingestion de sucre. Le potimarron étant naturellement assez sucré, sa présence sera aussi gourmande qu'utile !

Ingrédients

5 min
de préparation

1 morceau de potimarron cuit (environ 100 g)

1 cuil. à café de purée de noix de cajou

15 à 20 cl de boisson végétale à l'avoine

1 pincée de cannelle en poudre

Matériel nécessaire :
mixeur

On commence par verser tous les ingrédients dans le blender et les mixer.

Ensuite, on ajuste avec la boisson végétale, selon la consistance souhaitée et la puissance de notre machine.

On sert et on déguste !

Conseils pour personnaliser + les bienfaits

1 Le bêta-carotène étant « liposoluble », il a besoin d'un corps gras pour être assimilé par notre corps : la purée de noix de cajou, en plus d'apporter une texture ronde et gourmande permet d'aider notre organisme à bien assimiler la pro-vitamine A. On peut la remplacer par de la purée d'amandes blanches pour un goût neutre ou de la purée de noisettes pour un côté régressif.

2 Le potimarron peut être remplacé par n'importe quelle autre courge cuite ou patate douce cuite.

3 La boisson végétale à l'avoine peut être remplacée par une boisson végétale à l'épeautre, riz ou coco.

IMMUNITÉ • PEAU • ONGLES/CHEVEUX • DIGESTION • ÉNERGIE

Acidulée gourmande

L'**épinard** est le légume le plus riche en chlorophylle : une substance **antioxydante**, bénéfique pour notre flore intestinale et soutenant notre foie.

La **spiruline contient énormément d'antioxydants différents** : lutéine, bêta-carotène et autres caroténoïdes, phycocyanine, SOD, zéaxanthine, chlorophylle, etc. Elle est une bonne source de potassium et de fer. Pour le premier, étant **basique** et essentiel dans les échanges cellulaires avec le sodium, une consommation régulière est intéressante en cas d'**hypertension artérielle**, ainsi qu'en cas de **déséquilibre acido-basique**. Le fer est très en lien avec notre niveau d'énergie.

Le jus de pomme et le kiwi apportent le côté sucré et acidulé et contrebalancent le fort goût de la spiruline et la légère amertume de l'épinard.

100% YUMMY

Ingrédients

5 min
de préparation

1 poignée d'épinards
10 cl de jus de pomme
1 kiwi
spiruline

Matériel nécessaire :
mixeur

Après avoir lavé les épinards, on verse tous les ingrédients dans notre blender et on mixe.

On peut allonger avec un peu d'eau, si besoin, en fonction de notre préférence de consistance.

On sert et on déguste !

Conseils pour personnaliser + les bienfaits

1 Les personnes n'ayant pas l'habitude de boire des smoothies et/ou de la spiruline : allez-y progressivement parce que ce duo peut provoquer une accélération du transit ! Les premières fois, on peut se contenter du smoothie sans superaliment.

2 On peut utiliser une demi-pomme à la place du jus de pomme. Dans cas cas, on devra ajouter entre 10 à 15 cl d'eau avant de mixer.

3 On peut remplacer les épinards par une salade de notre choix. Son apport en chlorophylle sera moindre mais l'ajout de la spiruline permettra de palier cette absence.

IMMUNITÉ • PEAU • ONGLES/CHEVEUX • DIGESTION • ÉNERGIE

Prune un jour,
amour toujours

100% YUMMY

Les prunes sont si délicieuses ! Il existe tant de variétés : chacune a son charme, sa particularité.

Connues pour être un fruit très utile en cas de transit ralenti, elles viendront soutenir la régularité de ce dernier chez les **personnes à tendance constipée**.

Le pollen frais est sans doute un des superaliments les plus fabuleux qui soit. Son profil nutritionnel fait de lui une panacée pour un grand nombre de profils et de besoins : il correspond donc à beaucoup de personnes (ce qui est assez rare chez les superaliments !). Il convient à beaucoup de besoins car il contient une large variété de macro et micronutriments bénéfiques pour notre équilibre acido-basique, l'équilibre de notre **système nerveux** (sommeil et stress) et soutient notre **flore intestinale** grâce à ses propriétés pré et probiotiques.

Ingrédients

5 min de préparation

300 g de mirabelles ou autre prunes (quetsches, reines-claudes)

10 cl de boisson végétale de riz

pollen frais

Matériel nécessaire : **mixeur**

Après avoir lavé et dénoyauté les prunes, on verse tous les ingrédients dans notre blender et on mixe.

On peut allonger avec un peu d'eau, si besoin, en fonction de notre préférence de consistance.

On sert et on déguste !

Conseils pour personnaliser + les bienfaits

1 Attention à bien opter pour du pollen frais (aussi appelé « cru » ou « congelé », selon les fabricants) : il se distingue de sa forme séchée que l'on trouve en bocal en verre. Cette dernière forme est la plus courante et la moins intéressante (le processus de séchage ayant détruit un grand nombre de micronutriments ainsi que les enzymes). Le pollen frais se trouve sur Internet ou dans les magasins bio ayant un rayon congélation.

2 On peut remplacer les prunes par un autre fruit riche en eau : fraise, pêche, brugnon, etc. L'effet ballast sera moindre.

100% YUMMY

Banane-chocolat

La banane est un fruit amylacé contenant des **sucres lents et rapides**, idéal pour éviter les pics d'hyperglycémie. C'est également le seul fruit qui ne soit pas acidifiant : la banane est **alcalinisante**. Très riche en potassium, ce dernier marche de pair avec son « cousin germain » : le sodium. À eux deux, ils agissent comme des « pompes » au niveau des échanges de nos cellules (un à l'extérieur et l'autre à l'intérieur). En d'autres termes : ils commandent et ajustent les échanges indispensables qui se déroulent entre le **centre de nos cellules** (elles-mêmes en lien avec le bon fonctionnement de tout notre organisme). Le potassium fait également partie des substances alcalines, qui jouera en faveur d'un **bon équilibre acido-basique**. Une carence en potassium induit des risques d'hypertension et favorise la rétention d'eau ; de plus, cela réduit les échanges de nos cellules entre elles (et donc le bon fonctionnement de notre organisme).

Le cacao cru (que l'on peut trouver sous forme de poudre, tablette, éclat ou fève) est différent de la majorité des chocolats que l'on trouve dans le commerce (même ceux issus des plus grands chocolatiers) : ces derniers ont généralement connu deux phases de torréfaction (chauffe) et ont vu détruire leur richesse nutritionnelle.

Le cacao cru n'a pas été torréfié : ses micronutriments sont donc intacts. Le **cacao est la source la plus riche au monde en magnésium** ! Un minéral dont la majorité des Français serait carencée. Le magnésium est notamment important pour le bon fonctionnement de notre **système nerveux** : il joue un rôle bénéfique sur notre gestion de stress et de notre sommeil, et aide à lutter contre les petites déprimes passagères.

Ingrédients

5 min
de préparation

1 banane

1 cuil. à café de cacao cru en poudre

boisson végétale de son choix

cannelle en poudre

Matériel nécessaire : **mixeur**

Après avoir pelé la banane, on verse tous les ingrédients dans notre blender et on mixe.

On peut allonger en rajoutant un peu de notre boisson végétale, si besoin, en fonction de notre préférence de consistance.

On sert et on déguste !

Conseils pour personnaliser + les bienfaits

1 Le cacao cru en poudre se trouve en magasin bio, au rayon des compléments et superaliments, la majorité du temps.

2 Pour respecter la synergie gustative de cette recette, voici quelques boissons végétales adaptées : avoine, épeautre, riz, châtaigne et noisette.

IMMUNITÉ · PEAU · ONGLES/CHEVEUX · DIGESTION

J'ai la pêche

100% YUMMY

Une cuillère à soupe de poudre de baobab nous apporte environ 37 % de nos apports journaliers recommandés en vitamine C. Cette vitamine est un **anti-oxydant** et stimule **notre système immunitaire**, en plus d'être un booster naturel d'énergie.

La maca est une **plante vivace crucifère** (comme les choux). Elle est cultivée à des hauteurs de 2 700 à 4 500 mètres d'altitude, ce qui fait de la maca l'aliment poussant dans les plus hautes altitudes au monde. Elle a des propriétés dites « **adaptogènes** ». Énergisante, elle soutient également l'activité de notre **thyroïde** : en cas de fatigue chronique, cette dernière est souvent malmenée et fatiguée. Notre métabolisme ralentit... et notre fatigue se voit renforcée.

La purée de noix de cajou ou d'amandes blanches apporte de bons acides gras : leur présence aidera notre organisme à mieux gérer la glycémie.

Ingrédients

5 min de préparation

1 pêche

1 cuil. à soupe de poudre de baobab

1 cuil. à café de maca

1 pincée de poudre de vanille

boisson végétale au riz

1 cuil. à café de purée d'amandes blanches ou de noix de cajou

Matériel nécessaire : **mixeur**

Après avoir lavé la pêche, on la coupe en deux.

On verse tous les ingrédients dans notre blender et on mixe.

On peut allonger avec un peu d'eau, si besoin, en fonction de notre préférence de consistance.

On sert et on déguste !

Conseils pour personnaliser + les bienfaits

1 On peut remplacer la pêche par un brugnon ou deux abricots.

2 On peut remplacer la maca par du guarana : cette dernière est plus puissante pour donner un shoot d'énergie. Contre-indication de la maca : en cas d'hyperthyroïdie.

3 La boisson végétale au riz peut être remplacée par une boisson à l'avoine, à l'épeautre ou au millet.

Figue pralinée

100% YUMMY

Les figues sont des fruits charnus et utiles en cas de transit ralenti, bénéfiques pour les **personnes à tendance constipée**. Elles contiennent naturellement des prébiotiques et seront donc aussi intéressantes pour notre flore intestinale.

Le germe de blé est la partie au cœur du grain : il contient toutes les informations « vitales » et est très **riche en macro et micronutriments**. Un réel concentré de vie !

Une cuillère à soupe de germe de blé nous apporte :

- 100 % de nos apports journaliers recommandés (AJR) en manganèse. Cet oligo-élément participe **à plus d'une douzaine de processus métaboliques dans notre corps** : il est essentiel au bon fonctionnement, **notamment de l'utilisation des glucides et des lipides** ;
- 20 % de nos AJR en sélénium et vitamine E. Les deux ont un pouvoir antioxydant ;
- 15 % de nos AJR en vitamine B9, phosphore et vitamine B1. Ces trois micro-nutriments sont importants pour notre système nerveux, l'échange cellulaire et le phosphore, participe notamment à préserver notre capital osseux et dentaire.

Bien sûr, les personnes intolérantes au gluten devront l'éviter.

Ingrédients

5 min de préparation

4 figues
1 cuil. à café de purée de noisettes
1 cuil. à soupe de germe de blé
boisson végétale à l'amande ou noisette

Matériel nécessaire :
mixeur

Après avoir lavé les figues, on verse tous les ingrédients dans notre blender et on mixe.

On peut allonger avec un peu d'eau si besoin, en fonction de notre préférence de consistance.

On sert et on déguste !

Conseils pour personnaliser + les bienfaits

1 On peut remplacer les figues par une poire William (la plus juteuse).

2 La purée de noisettes peut être remplacée par de la purée d'amandes complètes.

Rosée printanière

100% YUMMY

Les cerises et les fraises (comme tous les fruits rouges) font partie des fruits que l'on peut trouver facilement frais, chez nous, et font également partie des plus riches en **antioxydants**.

Les **graines de chia** sont riches **en oméga 3 et en fibres** : deux précieux atouts pour notre santé et notre digestion. Elles peuvent avoir un léger effet ballast, donc seront bienvenues pour les intestins légèrement paresseux (son rôle ressemble aux graines de psyllium). Attention toutefois à ne pas en abuser : à fortes doses ou trop grande régularité, elle peut accentuer une sensibilité digestive déjà présente.

Une cuillère à soupe de graines de chia nous apporte environ 10 % du **magnésium journalier** : un minéral important pour la régulation de notre système nerveux.

Ingrédients

5 min
de préparation

10 cerises
300 g de fraises
1 cuil. à soupe de graines de chia
eau de coco ou boisson végétale au riz

Matériel nécessaire : **mixeur**

Après avoir lavé les fraises et les cerises, on dénoyaute ces dernières.

On verse tous les ingrédients dans notre blender et on mixe.

On peut allonger avec un peu d'eau, si besoin, en fonction de notre préférence de consistance.

On sert et on déguste !

Conseils pour personnaliser + les bienfaits

1 En fonction de nos préférences gustatives, pour le liquide, on peut opter pour l'eau de coco, au pouvoir fortement hydratant (et donc bénéfique pour notre peau), ou à une boisson végétale au riz (pour une synergie gustative plus en accord avec les fruits rouges).

2 Les fraises peuvent être remplacées par d'autres fruits rouges : framboises, groseilles, myrtilles, mûres, etc.

DIGESTION ÉNERGIE

100% YUMMY

Transitionner
vers l'automne en douceur

La maca est un superaliment idéal pour passer en douceur de l'été à l'automne. Beaucoup de personnes ressentent une fatigue et une déprime saisonnière durant cette transition vers la saison hivernale. Le froid et la baisse de luminosité sont en partie en cause. La maca, grâce à ses propriétés « **adaptogènes** », permet de soutenir l'activité de notre **thyroïde**. Cette dernière est sollicitée lors des importants changements de température et luminosité. Elle nous aide donc à réaliser cette transition.

L'avoine est une céréale considérée comme « réchauffante » et alliée de notre thyroïde (selon la médecine traditionnelle chinoise et l'ayurvéda). Elle viendra **également soutenir notre thyroïde** dans cette étape charnière.

Ingrédients

5 min
de préparation

1 poire

1 cuil. à café bombée de purée d'amandes complète

1 cuil. à café de maca en poudre

20 cl de boisson végétale à l'avoine

1 à 2 cuil. à soupe de flocons d'avoine

Matériel nécessaire :
mixeur

Après avoir lavé la poire, on la découpe en deux.

On verse tous les ingrédients dans notre blender et on mixe.

On peut allonger avec un peu de boisson végétale à l'avoine si besoin, en fonction de notre préférence de consistance.

On sert et on déguste !

Conseils pour personnaliser + les bienfaits

1 On peut remplacer la poire par une pomme.

2 La boisson végétale à l'avoine peut être remplacée par une boisson à l'amande, châtaigne, noisette, millet ou sarrasin.

3 Les flocons d'avoine peuvent être remplacés par des flocons de riz (qui n'ont pas le même pouvoir de soutien sur la thyroïde). Si notre mixeur est peu puissant (ou si on préfère une texture plus lisse) : on peut pré-tremper les flocons dans la boisson végétale (15 à 20 minutes suffisent) avant de mixer le tout.

4 La purée d'amandes complète apporte un petit goût praliné. Si on souhaite un goût plus neutre tout en gardant la rondeur de la purée d'oléagineux, on peut opter par de la purée de noix de cajou ou d'amandes blanches.

IMMUNITÉ • PEAU • ONGLES/CHEVEUX • DIGESTION

100% YUMMY

Teint radieux

Ce smoothie est l'équivalent nutritionnel de la recette de jus de cet ouvrage « Peau de pêche » (voir page 95).

L'**abricot** (ainsi que la majorité des fruits et légumes orange) contient du **bêta-carotène**. Et l'urucum est le superaliment le plus riche au monde en ce même micronutriment, précieux pour notre peau. Voilà donc un duo de choc au service d'un **joli teint** ! Des études ont également montré qu'il est intéressant pour la **cicatrisation de la paroi de nos intestins abîmés**.

Le bêta-carotène étant liposoluble, il a besoin d'un corps gras pour être assimilé par notre corps, d'où l'importance d'ajouter une matière grasse. Ici, je vous propose les graines de chia, qui apporteront de la texture au smoothie, en plus de nous apporter des **oméga 3**. Ces derniers sont bénéfiques pour notre peau et nos systèmes immunitaire et nerveux.

Ingrédients

5 min de préparation

4 abricots

½ cuil. à café rase de poudre d'urucum

25 cl de boisson végétale au riz

1 cuil. à café de graines de chia

Matériel nécessaire : **mixeur**

Après avoir lavé les abricots, on les dénoyaute et on les découpe en deux.

On verse tous les ingrédients dans notre blender et on mixe.

On peut allonger avec un peu d'eau, si besoin, en fonction de notre préférence de consistance.

On sert et on déguste !

Conseils pour personnaliser + les bienfaits

1 Les abricots peuvent être remplacés par des pêches ou des brugnons (qui contiennent également du bêta-carotène).

2 On peut remplacer les graines de chia par une cuillère à café de purée de noix de cajou ou d'amandes blanches, ou encore de graines de chanvre décortiquées (attention, le goût de ces dernières sont en léger décalage avec la synergie de cette recette).

IMMUNITÉ ÉNERGIE

Smoothie lacté

100% YUMMY

Ce smoothie contient une magnifique synergie pour les sportifs :

- il a la particularité d'être « lacté » : on utilise un yaourt grec (ou skyr), naturellement très riche en **protéines complètes**, importantes pour tous sportifs ;
- la présence d'eau de coco, au pouvoir hautement **réhydratant**, intéressant après une séance de sport ;
- la banane, apportant à la fois des **sucres rapides et lents**, permet d'apporter les glucides nécessaires pour récupérer ;
- les fraises apportent une dose d'**antioxydants** pour contrer le stress oxydatif pouvant aller de pair avec certaines pratiques sportives.

Ingrédients

5 min de préparation

200 g de fraises
1 banane
1 yaourt grec ou skyr
10 cl d'eau de coco

Matériel nécessaire :
mixeur

Après avoir lavé les fraises, on les découpe. On épluche la banane.

On verse tous les ingrédients dans notre blender et on mixe.

On peut allonger avec un peu d'eau, si besoin, en fonction de notre préférence de consistance.

On sert et on déguste !

Conseils pour personnaliser + les bienfaits

1 Les fraises peuvent être remplacées par d'autres fruits rouges : myrtille, mûre, etc.

2 Si on souhaite opter pour une version végétale, on se tournera vers l'équivalent de yaourt à protéine végétal.

Les tisanes (infusions, décoctions)

100% GLOW

100% YUMMY

Jour de lunes
pour les femmes

Lorsque nous avons nos règles, on peut accompagner notre organisme de bien des manières : réaliser cette tisane en est une.

Durant ces jours, notre foie et notre utérus sont soutenus et accompagnés pour diminuer nos crampes et aider notre corps à l'évacuation de nos hormones afin de commencer un nouveau cycle (grâce au desmodium/chardon marie et aux feuilles de framboisier).

Particulièrement recommandée en cas d'**endométriose**, de **SOPK** (syndrome des ovaires polykystiques) et de crampes importantes pendant ou avant les règles.

Idéalement (et si on y pense !), on peut réaliser cette tisane une à deux fois par jour, les quatre jours avant la date présumée de nos règles ainsi que les trois ou quatre premiers jours de nos règles.

Ingrédients

1 min de préparation **5-10 min** de cuisson **5-10 min** de repos

On doit obtenir l'équivalent d'une cuillère à soupe bombée, une fois tous les ingrédients réunis, pour 20 cl (donc 2 cuillères à soupe pour 40 cl, si notre tasse a une grande contenance) :

feuilles de framboisier

desmodium ou chardon marie

pétales de rose

verveine ou mélisse

Matériel nécessaire :
casserole ou bouilloire

On glisse tous nos ingrédients dans un filtre.

On chauffe notre eau à la bouilloire ou à la casserole à environ 80 °C.

Une fois chaude : on verse l'eau dans notre tasse.

On attend entre 7 et 10 minutes.

Si on le souhaite, on peut ajouter une cuillère à café rase de miel avant de déguster.

Conseils pour personnaliser
+ les bienfaits

1 Le desmodium ou le chardon marie ont des propriétés similaires : on peut vraiment les interchanger dans cette recette.

2 Idem pour la verveine et la mélisse : ici, elles sont interchangeables.

Intestins
ultrasensibles

100% YUMMY

Voici une **tisane 2 en 1 pour notre système digestif** :

- grâce à ses composants émollients (mauve et guimauve), elle aura un **effet apaisant**, bien utile pour les intestins **hypersensibles et réactifs** ;
- sa synergie va venir **soutenir l'activité** de notre « **feu digestif** » (appelé « agni » selon l'ayurvéda). Ce bienfait s'appuie sur la **théorie des humeurs** (graines de cumin et angélique) ainsi que les **propriétés actives des plantes** (citronnelle, mélisse).

Elle est particulièrement **recommandée aux personnes atteintes de troubles digestifs chroniques dans la sphère basse** (côlon et intestin) : syndrome de l'intestin irritable (colopathie fonctionnelle, intestins irritables...), maladie de Crohn, RCH (rectocolite hémorragique), ballonnements et flatulences fréquents, constipation...

Elle ne contient ni fenugrec, ni fenouil, ni artichaut : des composants devant être évités en cas de syndrome de l'intestin irritable et malheureusement souvent utilisés dans les compositions des tisanes digestives.

Ingrédients

1 min de préparation **5-10 min** de cuisson **5-10 min** de repos

On doit obtenir l'équivalent d'une cuillère à soupe bombée, une fois tous les ingrédients réunis, pour 20 cl (donc 2 cuillères à soupe pour 40 cl, si notre tasse a une grande contenance) :

mélisse
mauve ou guimauve
gingembre (en hiver)
menthe (en été)

Matériel nécessaire :
casserole ou bouilloire

On glisse tous nos ingrédients dans un filtre.

On chauffe notre eau à la bouilloire ou à la casserole à environ 80 °C.

Une fois chaude : on verse l'eau dans notre tasse.

On attend entre 7 et 10 minutes.

Si on le souhaite, on peut ajouter une cuillère à café rase de miel avant de déguster.

Conseils pour personnaliser + les bienfaits

1 La guimauve sera un peu plus puissante que la mauve pour son côté émollient. On peut très bien utiliser les deux en même temps !

2 Il est très courant que les personnes souffrant de problèmes digestifs chroniques aient leur organisme plus sensible aux variations de température, notamment en hiver. Ainsi, apporter du gingembre, un rhizome très réchauffant, durant l'hiver, permet de soutenir le « feu digestif » tout en contrant légèrement la frilosité. De même durant les jours très chauds, on va cesser d'ajouter du gingembre et on pourra le remplacer par de la menthe qui est également douce et apaisante pour notre système digestif. Attention : on évitera de consommer de la menthe en hiver car c'est très refroidissant !

IMMUNITÉ · PEAU · ONGLES/CHEVEUX · DIGESTION

Soutenir notre foie

100% YUMMY

La « détox » est à la mode alors que la grande majorité de notre population actuelle n'a pas la ressource physiologique nécessaire pour encaisser une détox (voir page 41). Plutôt que de « détoxifier » mon organisme (qui, pour rappel, sait très bien réaliser ce processus physiologique tout seul et ce, depuis plusieurs millénaires), je privilégie une **approche plus douce et respectueuse** du fonctionnement de notre corps : celui d'**accompagner en douceur notre foie dans la réalisation de ses propres tâches**.

Selon la naturopathie, on peut détoxifier ou soutenir son foie. Cette tisane contient une synergie de plantes ayant des bienfaits soutenant légèrement notre foie. Comme c'est une approche de soutien, elle peut être bue **tout au long de l'année** (contrairement à la détox qui doit être réalisée exclusivement durant la saison chaude).

Ingrédients — **1 min** de préparation — **5-10 min** de cuisson — **5-10 min** de repos

On doit obtenir l'équivalent d'une cuillère à soupe bombée, une fois tous les ingrédients réunis, pour 20 cl (donc 2 cuillères à soupe pour 40 cl, si notre tasse a une grande contenance) :

marjolaine
chardon marie
desmodium

Matériel nécessaire :
casserole ou bouilloire

On glisse tous nos ingrédients dans un filtre.

On chauffe notre eau à la bouilloire ou à la casserole à environ 80 °C.

Une fois chaude : on verse l'eau dans notre tasse.

On attend entre 7 et 10 minutes.

Si on le souhaite, on peut ajouter une cuillère à café rase de miel avant de déguster.

Conseils pour personnaliser + les bienfaits

1 Le chardon marie et le desmodium seraient intéressants pour soutenir nos fonctions hépatiques (foie).

2 La marjolaine est bénéfique en cas, de troubles digestifs, de ballonnements et de flatulences.

100% YUMMY

Poésie
estivale fleurie

S'il devait exister une tisane pour les hypersensibles, elle prendrait cette forme : composée quasi intégralement des pétales de fleurs, ces dernières s'épanouissent en se réhydratant en étant infusée avec l'eau tiède... tandis qu'au fil des minutes, notre boisson prend une délicate teinte rose. Féerique.

Grâce à l'hibiscus et la menthe, elle oscille entre un **goût fleuri** et **tendrement acidulé**. Elle **peut se boire chaude, tiède ou froide**, en fonction de notre préférence, et de la température qu'il fait dehors... quel petit bonheur de la déguster fraîche en cas de fortes chaleurs.

Ingrédients

1 min de préparation | **5-10 min** de cuisson | **5-10 min** de repos

On doit obtenir l'équivalent d'une cuillère à soupe bombée, une fois tous les ingrédients réunis, pour 20 cl (donc 2 cuillères à soupe pour 40 cl, si notre tasse a une grande contenance) :

fleurs d'hibiscus
pétales de rose
menthe
camomille matricaire
autres fleurs : pensée, lavande, fleur de sureau...

Matériel nécessaire :
casserole ou bouilloire

On glisse tous nos ingrédients dans un filtre.

On chauffe notre eau à la bouilloire ou à la casserole à environ 70 °C.

Une fois chaude : on verse l'eau dans notre tasse.

On attend entre 7 et 10 minutes.

Si on le souhaite, on peut ajouter une cuillère à café rase de miel avant de déguster.

→ On peut également la préparer par infusion froide en plaçant tous les ingrédients dans une grande théière et en laissant infuser environ 30 minutes.

Conseils pour personnaliser + les bienfaits

1 Si on n'aime pas trop le goût de la menthe, on peut opter pour de la verveine ou de la mélisse pour la remplacer.

2 La camomille et la lavande ont des propriétés calmantes.

IMMUNITÉ • PEAU • ONGLES/CHEVEUX • DIGESTION

100% YUMMY

Fais de beaux rêves

Les quatre ingrédients de cette tisane ont des effets apaisants. Le sommeil étant très important pour notre santé autant que notre beauté, voici une tisane parfaite à boire une à deux heures avant d'aller se coucher !

Ingrédients

1 min de préparation **5-10 min** de cuisson **5-10 min** de repos

On doit obtenir l'équivalent d'une cuillère à soupe bombée, une fois tous les ingrédients réunis, pour 20 cl (donc 2 cuillères à soupe pour 40 cl, si notre tasse a une grande contenance) :

verveine
camomille
lavande
fleur d'oranger

Matériel nécessaire :
casserole ou bouilloire

On glisse tous nos ingrédients dans un filtre.

On chauffe notre eau à la bouilloire ou à la casserole à environ 80 °C.

Une fois chaude : on verse l'eau dans notre tasse.

On attend entre 7 à 10 minutes.

Si on le souhaite, on peut ajouter une cuillère à café rase de miel avant de déguster.

Conseil pour personnaliser + les bienfaits

Les fleurs d'oranger séchées sont assez difficile à trouver : pour les remplacer, on peut utiliser de l'hydrolat de fleur d'oranger (biologique et de qualité alimentaire), plus facile à trouver en magasin bio.

100% YUMMY

Cheveux de princesse

Une chute de cheveux, des cheveux ternes ou qui fourchent beaucoup peuvent être des signes de déminéralisation.

L'**ortie** est une des plantes les plus **reminéralisantes** que l'on puisse facilement trouver et utiliser en infusion.

Il faut cependant en consommer en grande quantité (et régulièrement) pour en obtenir des bienfaits durables pour nos chevelures.

La **prêle** est riche en **silice et en minéraux**. Il est cependant préférable d'en faire une décoction (plutôt qu'une infusion – voir page 20 dans la Partie 1) pour extraire tous ses minéraux et oligo-éléments bénéfiques pour nos cheveux.

Le **romarin** est connu pour ses bienfaits capillaires : il stimulerait la **pousse de nos cheveux** tout en **luttant contre leurs chutes**.

Le **desmodium** et la **guimauve** agissent respectivement en guise de soutien sur notre foie et nos intestins. Ces deux émonctoires jouent un rôle important au niveau de **notre santé et de notre beauté**.

Au moment de déguster notre tisane, on peut y glisser une petite cuillère à café de **miel** : ce dernier serait un excellent **vecteur des propriétés actives des plantes** et permettrait ainsi à notre organisme d'être plus perméable aux effets recherchés.

Conseil pour personnaliser + les bienfaits

La guimauve peut être remplacée par la mauve, et le desmodium par le chardon marie.

Ingrédients

1 min de préparation **5-10 min** de cuisson **15 min** de réfrigération

On doit obtenir l'équivalent d'une cuillère à soupe bombée, une fois tous les ingrédients réunis, pour 20 cl (donc 2 cuillères à soupe pour 40 cl, si notre tasse a une grande contenance) :

ortie
desmodium
prêle
romarin
guimauve
1 cuil. à café de miel

Matériel nécessaire :
casserole
(et bouilloire)

Pour l'ortie et desmodium :

1. On place les parties végétales dans un filtre, lui-même positionné dans une grande tasse.
2. Puis, on verse l'eau chauffée à une température entre 60 (si certains ingrédients sont fraichement cueillis) et 90 °C (pour les plantes séchées).
3. On attend 7 minutes (environ, selon notre préférence gustative) avant de boire.

Pour la prêle, romarin et guimauve :

1. On place les parties végétales dans une petite casserole remplie d'eau (environ 50 cl).
2. On allume le feu et on amène l'eau à ébullition.
3. Dès les premiers frémissements : on baisse le feu au minimum, de manière à ce que l'eau continue à frémir très doucement. On laisse ainsi 10 minutes.
4. À l'aide d'une petite passoire aux trous très resserrés, on filtre et on sert dans notre tasse avec l'infusion d'ortie et de desmodium (voir ci-dessus).
5. Environ 10 minutes après avoir versé la décoction, on peut y ajouter du miel, si on le souhaite... et on déguste !

100% YUMMY

Immunité

Le **gingembre** est connu pour ses **propriétés antibactériennes et antivirales**. Ses mêmes propriétés se retrouvent chez beaucoup d'autres épices et c'est le cas chez **les clous de girofle, la badiane et la cannelle**. Elles soutiennent toutes notre système immunitaire, notamment lorsqu'on contracte une maladie ORL (rhume, angine, bronchite, etc.).

En plus d'une potentielle médication prescrite par notre médecin, elles viendront soulager nos maux et stimuler nos défenses immunitaires.

En plus de leurs propriétés actives physiologiques, elles sont dites « réchauffantes » : **elles viendront ainsi augmenter notre température corporelle**. La fièvre, tant qu'elle reste maitrisée (en-dessous de 39,5 °C environ) est bénéfique pour notre système immunitaire : la majorité des bactéries et virus se voient affaiblis à cette température. Souvent, une fois adulte (et surtout si notre Force Vitale n'est pas optimale), notre fièvre est trop faible : on parle alors de « fébricule », et elle ne dépasse pas les 38-38,5 °C. À cette température, les germes responsables de nos maux ne seront pas affectés.

Le **citron** est naturellement riche en **vitamine C**, connue pour ses **propriétés antivirales et antibactériennes**. Cependant, la vitamine étant sensible à la chaleur (elle est détruite à partir de 60 °C) : il convient d'ajouter le jus de citron une fois que notre décoction aura reposé quelques minutes et se sera refroidie.

Le **miel** a également beaucoup de bienfaits connus pour soutenir notre système immunitaire.

Ingrédients	**1 min** de préparation	**10 min** de cuisson	**10 min** de réfrigération

On doit obtenir l'équivalent d'une cuillère à soupe bombée, une fois tous les ingrédients réunis, pour 20 cl (donc 2 cuillères à soupe pour 40 cl, si notre tasse a une grande contenance) :

clous de girofle
gingembre
badiane (anis étoilé)
cannelle
50 cl d'eau
le jus d'½ citron
1 cuil. à café de miel

Matériel nécessaire :
casserole ou bouilloire

On place les clous de girofle, le gingembre préalablement coupé en morceaux, la badiane et la cannelle dans une petite casserole remplie d'eau (environ 50 cl).

On allume le feu et on amène l'eau à ébullition.

Dès les premiers frémissements : on baisse le feu au minimum, de manière à ce que l'eau continue à frémir très doucement. On laisse ainsi 10 minutes.

À l'aide d'une petite passoire aux trous très resserrés, on filtre et on sert dans une grande tasse.

Environ 10 minutes après avoir versé la décoction dans notre tasse (il faut que notre tisane soit à une température de moins de 60 °C), on ajoute le jus de citron et le miel... et on déguste !

Conseils pour personnaliser + les bienfaits

1 On peut ajouter d'autres épices réchauffantes comme les graines de cumin, les graines de moutarde ou de la cardamome verte.

2 Lorsque l'on est malade, idéalement, il faudrait consommer beaucoup de choses digestes, simplement cuisinées et chaudes : des soupes, des bouillons, des currys et autres plats mijotés contenant des légumes.

100% YUMMY

L'anisée

Ces trois ingrédients au goût légèrement anisé ont un point commun : elles sont dites « **carminatives** ». Autrement dit, elles aident à la digestion des protéines (végétales et animales). Elles sont également **digestives**.

Ingrédients

1 min de préparation | **10 min** de cuisson | **10 min** de réfrigération

On doit obtenir l'équivalent d'une cuillère à soupe bombée, une fois tous les ingrédients réunis, pour 20 cl (donc 2 cuillères à soupe pour 40 cl, si notre tasse a une grande contenance) :

anis vert
badiane (anis étoilé)
graines de fenouil

Matériel nécessaire :
casserole ou bouilloire

On glisse tous nos ingrédients dans un filtre.

On chauffe notre eau à la bouilloire ou à la casserole à environ 80 °C.

Une fois chaude : on verse l'eau dans notre tasse.

On attend environ 10 minutes.

Si on le souhaite, on peut ajouter une cuillère à café rase de miel avant de déguster.

Conseil pour personnaliser + les bienfaits

On peut utiliser une seule d'entre elles (ou deux), si on préfère : cela ne fera pas diminuer leurs bienfaits en infusion.

100% YUMMY

Jambes légères

La vigne rouge améliore notre **microcirculation sanguine et lymphatique**, tandis que la piloselle stimule le **fonctionnement de nos reins** (effet diurétique). Le pissenlit aide à soulager les petits troubles digestifs passagers, soutient le **fonctionnement de notre foie, de nos reins et de l'excrétion (l'évacuation) de notre bile**. La reine des prés stimule en douceur notre **système lymphatique**.

Cette synergie viendra donc soutenir nos circulations sanguine et lymphatique dont la rétention ou le ralentissement résulte en une stagnation de notre sang et de notre lymphe... et donne cette sensation de jambes lourdes.

Attention : si l'on stimule notre diurèse (fonctionnement des reins), il est important de boire suffisamment d'eau pure, en dehors des prises de tisane... au risque de fatiguer nos reins inutilement (voir page 44 pour des conseils sur la qualité de l'eau à boire).

Ingrédients

1 min de préparation | **5-10 min** de cuisson | **5-10 min** de repos

On doit obtenir l'équivalent d'une cuillère à soupe bombée, une fois tous les ingrédients réunis, pour 20 cl (donc 2 cuillères à soupe pour 40 cl, si notre tasse a une grande contenance) :

vigne rouge
piloselle
reine des prés
pissenlit

Matériel nécessaire :
casserole ou bouilloire

On glisse tous nos ingrédients dans un filtre.

On chauffe notre eau à la bouilloire ou à la casserole à environ 80 °C.

Une fois chaude : on verse l'eau dans notre tasse.

On attend entre 7 et 10 minutes.

Si on le souhaite, on peut ajouter une cuillère à café rase de miel avant de déguster.

Conseil pour personnaliser + les bienfaits

Si l'on est concerné par des antécédents personnels ou familiaux de problème cardiaque ou lymphatique, ou encore des antécédents personnels de calculs biliaires ou rénaux : parlez-en à votre médecin avant une prise régulière de cette tisane.

Respiration
(toux grasse)

100% YUMMY

L'eucalyptus est une plante expectorante, antiseptique des voies respiratoires, et qui **réduit l'inflammation des bronches.**

La **guimauve** facilite **l'expectoration** et **calme l'irritation de la gorge et la toux**.

Le **thym** est **expectorant et spasmolytique et est** utilisé lors des symptômes du rhume et de la toux : il est considéré comme un **bon antibactérien et antiviral**.

Le **gingembre** est **réchauffant**, stimulant de notre **système immunitaire** et a des propriétés **antivirales et antibactériennes**.

Ingrédients

1 min de préparation — **5-10 min** de cuisson — **5-10 min** de repos

On doit obtenir l'équivalent d'une cuillère à soupe bombée, une fois tous les ingrédients réunis, pour 20 cl (donc 2 cuillères à soupe pour 40 cl, si notre tasse a une grande contenance) :

eucalyptus
thym
gingembre
guimauve

Matériel nécessaire :
casserole ou bouilloire

On glisse tous nos ingrédients dans un filtre.

On chauffe notre eau à la bouilloire ou à la casserole à environ 80 °C.

Une fois chaude : on verse l'eau dans notre tasse.

On attend entre 7 et 10 minutes.

Si on le souhaite, on peut ajouter une cuillère à café rase de miel avant de déguster.

Conseils pour personnaliser + les bienfaits

1 Si on est touché par une toux grasse : il est conseillé d'aller voir son médecin. Une inflammation peut dériver en infection et cela peut devenir grave.

2 En parallèle d'un potentiel traitement médicamenteux, on veillera à essayer de se reposer, de rester au chaud (sous une couette ou un plaid), si possible d'avoir une bouillotte sur soi, de boire des liquides chauds (tisane, soupe, bouillon...).

Respiration
(toux sèche)

100% YUMMY

Le **bouillon blanc** a des propriétés émollientes et **adoucissantes** sur les voies respiratoires. Il est notamment connu pour aider en cas de bronchite et de toux sèche.

Le **plantain** doit son efficacité au mucilage très important qu'il contient : il **adoucit et calme les muqueuses des voies respiratoires** tout en agissant comme anti-inflammatoire.

Ingrédients — **1 min** de préparation — **5-10 min** de cuisson — **5-10 min** de repos

On doit obtenir l'équivalent d'une cuillère à soupe bombée, une fois tous les ingrédients réunis, pour 20 cl (donc 2 cuillères à soupe pour 40 cl, si notre tasse a une grande contenance) :

bouillon blanc
plantain

Matériel nécessaire :
casserole ou bouilloire

On glisse tous nos ingrédients dans un filtre.

On chauffe notre eau à la bouilloire ou à la casserole à environ 80 °C.

Une fois chaude : on verse l'eau dans notre tasse.

On attend entre 7 et 10 minutes.

Si on le souhaite, on peut ajouter une cuillère à café rase de miel avant de déguster.

Conseils pour personnaliser + les bienfaits

1. Si on est touché par une toux sèche : il est conseillé d'aller voir son médecin. Une inflammation peut dériver en infection et cela peut devenir grave.

2. En parallèle d'un potentiel traitement médicamenteux, on veillera à se reposer, rester au chaud (sous une couette ou un plaid), si possible avoir une bouillotte, et boire des liquides chauds (tisane, soupe, bouillon...).

3. Une toux sèche peut être très fatigante. Pour se soulager, on peut dormir légèrement surélevé (utiliser deux oreillers, par exemple). Il faut aussi veiller à aérer notre maison plusieurs fois par jour : le chauffage peut assécher l'air ambiant et renforcer l'irritation de nos voies respiratoires.

100% YUMMY

Tisane réchauffante
pour l'hiver

On plonge dans le cœur de l'hiver en se réchauffant grâce aux épices. Noël approche (ou vient de passer) et on aime se préparer ou prolonger ce temps grâce aux petites baies rouges qui évoque les fruits du houx, plante qui symbolise cette célébration.

Grâce à ses nombreuses épices **réchauffantes** (cardamome, cannelle, badiane), elle est parfaite pour contrer les jours les plus froids de l'année et stimuler notre immunité. **L'ortie** est connue pour ses propriétés **reminéralisantes**, bien utiles par temps froid.

Elle est également parfaite pour contrer les potentiels excès des fêtes de fin d'année : sa forte teneur en épices renforcera notre feu digestif.

Ingrédients

1 min de préparation · **5-10 min** de cuisson · **5-10 min** de repos

On doit obtenir l'équivalent d'une cuillère à soupe bombée, une fois tous les ingrédients réunis, pour 20 cl (donc 2 cuillères à soupe pour 40 cl, si notre tasse a une grande contenance) :

ortie
cannelle
baies roses
badiane
orange séchée
cardamome

Matériel nécessaire :
casserole ou bouilloire

On glisse tous nos ingrédients dans un filtre.

On chauffe notre eau à la bouilloire ou à la casserole à environ 80 °C.

Une fois chaude : on verse l'eau dans notre tasse.

On attend entre 7 et 10 minutes.

Si on le souhaite, on peut ajouter une cuillère à café rase de miel avant de déguster.

Conseils pour personnaliser + les bienfaits

1 On peut rajouter quelques pétales d'hibiscus séchés pour avoir une boisson rose/rouge : parfaite pour servir à nos invités en fin d'année une boisson sans alcool et bonne pour la santé !

2 À la place d'orange séchée, on peut ajouter le jus d'un quart d'orange, une fois l'infusion refroidie.

DIGESTION ÉNERGIE

100% YUMMY

Chocolat
en infusion !

Depuis quelques années, on trouve beaucoup de marques qui commercialisent des infusions au cacao. La majorité utilisent des « écorces » : il s'agit de la pellicule entourant les fèves de cacao. C'est un résidu qui n'a aucun intérêt nutritionnel et peu d'intérêt gustatif : autrement dit, pour les fabricants, c'est une panacée de nous vendre ces infusions à prix d'or alors que l'ingrédient principal est un résidu à faible coût !

Pour cette infusion, je propose d'utiliser les « éclats » de cacao : il s'agit des fèves de cacao que l'on a concassées en morceaux. On les trouve facilement en magasin bio (rayon superaliment) ou sur Internet.

Nous allons enrichir notre infusion gourmande de **cannelle** (bâton que l'on râpe), de **cardamome verte** et de **vanille**. Comme la majorité de ces ingrédients peuvent être considérés comme des épices (d'un point de vue tisane), on utilisera plutôt la décoction pour les préparer... avant de se régaler !

Ingrédients

1 min de préparation

10 min de cuisson

10 min de réfrigération

On doit obtenir l'équivalent d'une cuillère à soupe bombée, une fois tous les ingrédients réunis, pour 20 cl (donc 2 cuillères à soupe pour 40 cl, si notre tasse a une grande contenance) :

2 cardamomes vertes (ouvrir la petite cosse pour prélever les graines)

1 bâton de cannelle

½ gousse de vanille

2 cuil. à café d'éclats de cacao (magasin bio ou Internet)

50 cl d'eau

Matériel nécessaire :
casserole ou bouilloire

On prépare les différents ingrédients.
On ouvre les cosses de la cardamome verte pour en prélever les graines.
On râpe le bâton de cannelle.
On ouvre notre demi-gousse de vanille en deux.

On place tous nos ingrédients dans une petite casserole remplie d'eau (environ 50 cl).

On allume le feu et on amène l'eau à ébullition.

Dès les premiers frémissements : on baisse le feu au minimum, de manière à ce que l'eau continue à frémir très doucement. On laisse ainsi 10 minutes.

À l'aide d'une petite passoire aux trous très resserrés, on filtre et on sert dans une grande tasse.
Si l'on souhaite ajouter du miel, on attend 10 autres minutes et on peut enfin déguster.

Conseils pour personnaliser + les bienfaits

1 On remarquera que j'ai conseillé d'utiliser des épices « entières » à préparer soi-même, plutôt que les poudres de celle-ci (cannelle, cardamome et vanille). Cela fera une grande différence au niveau gustatif ! L'utilisation de leurs poudres donnera un résultat beaucoup moins prononcé et sera peu gourmand.

2 La cardamome est légèrement digestive.

3 La cannelle et la vanille ont des propriétés hypoglycémiantes.

Les boissons lactées

100% GLOW

100% YUMMY

Boisson féminine
(pour notre cycle)

Chaque femme vit son cycle différemment : certaines ont un **syndrome prémenstruel** (SPM), d'autres non.

Les SPM sont nombreux et peuvent même fluctuer d'un cycle à l'autre chez une même femme.

Parmi eux, nous avons les fameuses « fringales » et attirances vers le sucré ! Ça peut être signe de certaines carences (magnésium, potassium) et notamment de ce qu'en médecine traditionnelle chinoise, on appelle « l'énergie Terre », qui est l'énergie nourricière et réconfortante : le fait de ralentir, prendre soin de soi, se faire plaisir et s'entourer de douceur sont autant d'actes qui symbolisent cette « énergie » (aussi appelée « loge »). Cela peut donc vouloir dire que notre corps a grand besoin de tout cela !

La **banane** contient des sucres lents et rapides, idéal pour calmer rapidement et durablement nos fringales.

La **maca** est « adaptogène » : elle va cibler nos besoins hormonaux et pourrait aider à soutenir de potentiels légers déséquilibres.

La **lucuma** est un fruit provenant de la Cordillère des Andes. De nos jours, elle est principalement consommée fraîche au Pérou et au Chili où elle est plus populaire que le chocolat et la fraise comme parfum glacée ! Pour les Incas (peuple ancestral qui la consommait pour ses propriétés), ce fruit était recommandé à toutes les femmes durant leurs moments de cycles où des fringales se faisaient sentir, ainsi que les femmes enceintes et allaitantes.

La **cannelle** est réconfortante et hypoglycémiante.

La **purée d'amandes** a un côté réconfortant : elle a un petit goût praliné et très gourmand. Elle est également rassasiante et vient aider notre organisme à mieux gérer l'apport de glucides contenu dans cette recette (la présence d'un corps gras aide en ce sens).

On peut réaliser cette recette dès que l'envie se fait sentir : soit les jours qui précédent nos règles, soit pendant celles-ci (ou même avant et pendant !).

Ingrédients

5 min de préparation

5 min de cuisson

1 cuil. à café de maca en poudre

1 cuil. à café de lucuma en poudre

1 banane

1 pincée de cannelle en poudre

1 cuil. à café de purée d'amandes complète

1 cuil. à café de sucre de coco (optionnel, selon notre préférence gustative)

pour la version boisson lactée : 20 à 30 cl de boisson végétale de son choix

Matériel nécessaire : **casserole**

On peut en faire une boisson tiède ou chaude, ou une petite crème dessert (type compote/yaourt).

→ Pour les **versions boissons** (tiède ou chaude), il suffit d'ajouter une boisson végétale de votre choix, de mixer le tout (mixeur plongeant ou un mixeur puissant) et de chauffer le tout à la casserole.

→ Tandis que pour la **version petite crème dessert**, il suffit d'écraser à la fourchette la banane, et d'ajouter un à un tous les autres ingrédients en mélangeant jusqu'à ce que cela soit homogène !

Conseils pour personnaliser + les bienfaits

1. La purée d'amandes complète peut être remplacée par de la purée de noisettes ou de noix de cajou.

2. La cannelle peut être remplacée par de la vanille en poudre.

3. Le sucre de coco est optionnel : c'est en fonction de nos préférences gustatives. La recette est naturellement sucrée grâce à la présence de la banane et de la lucuma en poudre. Cependant, certains ont le bec un peu plus sucré !

DIGESTION · ÉNERGIE

100% YUMMY

Chocolat chaud
et merveilleux

Voici une alternative au chocolat chaud en une version plus digeste, légère et saine.

Petit extra nutritionnel : en utilisant du **cacao cru** en poudre (chauffé doucement à moins de 70 °C), notre boisson contiendra environ 35 % de nos apports journaliers recommandés en **magnésium**, un minéral important pour la régulation de notre système nerveux.

On trouve le cacao cru en poudre en magasin bio ou sur Internet.

Ingrédients

1 min de préparation

5 min de cuisson

25 cl d'une boisson végétale de notre choix

3 cuil. à soupe de crème végétale liquide de notre choix

2 cuil. à café bombées de cacao cru en poudre

1 cuil. à café de purée de noisettes

1 cuil. à café de sucre de coco

1 pincée de poudre de vanille

Matériel nécessaire :
casserole - mixeur - plongeant ou mixeur

Dans une casserole, on commence par versez tous les ingrédients, et faire chauffer à feu doux pendant 5 minutes, juste le temps qu'il faut pour que le mélange arrive à la température voulue.

Ensuite, on mixe au besoin, pour avoir un mélange le plus homogène possible (facultatif – on peut mélanger manuellement avec un petit fouet).

On serve et on déguste tiède, voir chaud !

Conseils pour personnaliser + les bienfaits

1 On peut utiliser bien des variantes pour la boisson et la crème végétale, qui fonctionnent tout aussi bien : noisette, amande, châtaigne, avoine, épeautre.

2 La purée de noisettes peut être remplacée par de la purée d'amandes complètes.

100% YUMMY

Trou noir

Le **charbon végétal** activé est le plus ancien « antipoison » au monde : il a des propriétés « chélatrices » (qui emprisonnent ce qui se trouve dans notre type digestif et l'aide à l'évacuer via nos selles) très puissantes.

Il est **bénéfique en cas de ballonnements et de gaz importants**. Attention : il a tendance à ralentir notre transit digestif ! Ainsi, pour les personnes qui ont un transit lent, il sera plutôt à éviter (ou à consommer avec modération et de manière épisodique) ; tandis que pour les personnes souffrant de diarrhée, il pourra être un allié.

Le charbon végétal activé se trouve en poudre ou en granulés (ainsi qu'en gélules mais plus difficile à utiliser en boisson !).

Comme il est très puissant, il faut en consommer en petite quantité : une cuillère à café par jour suffit amplement.

Ingrédients

1 min de préparation **5-10 min** de cuisson **10 min** de réfrigération

30 à 40 cl d'une boisson végétale de son choix

miel ou sirop d'érable (pour le goût)

1 cuil. à café rase de charbon végétal activé en poudre

Matériel nécessaire : **casserole**

On fait chauffer la boisson végétale dans une petite casserole avec le sucrant choisi.

Puis on verse le charbon végétal activé en poudre dans notre tasse.

Une fois la boisson végétale chaude, on la verse dans notre tasse et on mélange à l'aide d'une cuillère jusqu'à ce que le charbon soit dissout. On attend ensuite environ 10 minutes avant de boire !

Conseil pour personnaliser + les bienfaits

Attention : comme son pouvoir « chélateur » est très puissant, il absorbe et annule les effets de potentiels médicaments que l'on prend, ainsi que de tous les compléments et superaliments ! Inutile donc de glisser dans notre boisson d'autres compléments alimentaires car ils seront inactivés.

Si on est sous traitement médicamenteux, il faut attendre environ 4 à 6 heures entre la prise de charbon et la prise de notre médicament.

IMMUNITÉ • PEAU • ONGLES/CHEVEUX • DIGESTION

100% YUMMY

Matcha
coco vanillé

Le matcha est un thé vert réduit en poudre fine. Il est connu pour avoir de nombreux bienfaits : **énergisant**, il contient aussi beaucoup d'**antioxydants** et aurait une légère **action anti-inflammatoire**.

On peut le réaliser uniquement avec de l'eau ou, pour un côté un peu plus gourmand, ajouter une boisson végétale de notre choix ! Pour encore plus de rondeur, on peut y ajouter 5 cl de crème végétale liquide de son choix.

Ingrédients

1 min de préparation — **5-10 min** de cuisson

½ cuil. à café rase de matcha

20 cl de boisson végétale (+ 5 cl de crème végétale de notre choix)

sirop d'érable

1 pincée de poudre de vanille

Matériel nécessaire :
casserole - filtre à thé - fouet à matcha

On chauffe environ 20 cl d'eau à 70 °C.

Dans un petit bol, on tamise notre matcha.

On verse ensuite l'eau chauffé dans notre bol. Avec notre fouet à matcha, on viendra fouetter le mélange jusqu'à ce qu'il soit homogène.

Ensuite, on chauffe notre boisson végétale (et notre crème végétale) avec le sirop d'érable et la vanille.

Puis, on verse notre boisson végétale sucré et vanillé dans notre bol.

Conseils pour personnaliser + les bienfaits

1 Le matcha de qualité est reconnaissable à sa couleur vert vif. Pour limiter le développement d'une amertume, il faut utiliser de l'eau chauffée à 70 °C.

2 Pour la boisson et la crème végétale : il vaut mieux en utiliser un avec un goût assez neutre qui servira de support pour sublimer le matcha. Riz, millet ou soja !

IMMUNITÉ · PEAU · ONGLES/CHEVEUX · DIGESTION

100% YUMMY

Lait violet
de beauté

La couleur violette du **maïs mauve** vient de sa richesse en **anthocyanes**, un **pigment naturel** que l'on retrouve dans des feuilles, des pétales et certains fruits (la cerise, la mûre, la myrtille, l'orange sanguine, l'aubergine, la pomme de terre vitelotte, la prune). Le maïs violet contient 4 à 5 fois plus d'anthocyanes que la myrtille, pourtant réputée pour sa forte teneur en anthocyanes. C'est donc une véritable **bombe en antioxydants**.

Contrairement à d'autres superaliments également riches en anthocyanes (comme la spiruline ou l'açaï), le maïs mauve ne craint pas la chaleur et peut être chauffé : idéal pour nos « super boissons » lactées !

Le pollen frais est sans doute un des superaliments les plus fabuleux qui soit. Son profil nutritionnel fait de lui une panacée pour un grand nombre de profils et de besoins. Il correspond donc à beaucoup de personnes et à beaucoup de besoins car il contient une large variété de macro et micronutriments bénéfiques pour notre équilibre acido-basique, l'équilibre de notre **système nerveux** (sommeil et stress) et il soutient notre **flore intestinale** grâce à ses propriétés pré- et probiotiques.

L'hydrolat de rose a de légères propriétés **antispasmodique et antiseptique**, mais il est surtout utilisé pour ses propriétés d'équilibrant hormonal.

Ingrédients — **1 min** de préparation — **5 min** de cuisson — **5 min** de repos ou réfrigération

35 cl de boisson végétale au riz

2 cuil. à soupe de maïs mauve

1 cuil. à café de pollen frais

1 cuil. à café d'hydrolat de rose

Matériel nécessaire :

casserole - mixeur plongeant ou mixeur

On mélange notre boisson végétale au riz avec la farine de maïs mauve :

- soit à l'aide d'un petit mixeur plongeant ;
- soit en utilisant rapidement notre mixeur.

On fait chauffer à feu moyen, dans une casserole, notre mélange, pendant environ 2 minutes.

On verse dans notre tasse et on attend 5 minutes avant de verser l'hydrolat de rose et le pollen frais en *topping*.

Conseils pour personnaliser + les bienfaits

1 Attention à bien opter pour du pollen frais (aussi appelé « cru » et « congelé », selon les fabricants) : il se distingue de sa forme séchée que l'on trouve en bocal en verre. Cette dernière forme est la plus courante et la moins intéressante (le processus de séchage ayant détruit un grand nombre de micronutriments ainsi que les enzymes). Le pollen frais se trouve sur Internet ou dans les magasins bio ayant un rayon congélation.

2 On doit choisir de l'hydrolat de rose de qualité alimentaire et biologique.

100%
YUMMY

Yaourt d'été
à boire

L'**açaï** est un concentré d'antioxydants. Mais que cache ce terme et que font concrètement les antioxydants ?

Petit voyage à l'intérieur de nous-même : notre organisme est composé de plusieurs milliards de cellules qui sont constamment en action. Nos cellules communiquent entre elles et interagissent les unes avec les autres.

Au cours de toute cette activité, certains « **radicaux libres** » sont produits. Les radicaux libres sont un peu comme **des petits déchets** qui sont produits lors de réactions biologiques **normales** et **nécessaires** à notre vie.

C'est un peu lorsque l'on souhaite manger une banane : on l'épluche, on la déguste, et... on se retrouve avec une peau de banane (petit déchet). Dans notre petit corps, c'est la même chose : certaines réactions induisent des radicaux libres.

Dans nos cultures actuelles, on a tendance à avoir une hygiène de vie (alimentaire, psychologique, métabolique, environnementale) qui **accentue** la production de radicaux libres dans notre petit corps.

Or, si notre petit corps sait gérer une certaine quantité de radicaux libres (comme un petit compostage qui ne pose pas de problème), une trop grande quantité sur le long terme a plusieurs conséquences que l'on apprécie généralement bien peu : inflammations diverses, les infections aiguës ou chroniques, les immuno-dépressions chroniques, l'acidification de notre organisme débouchant sur un déséquilibre acido-basique.

Et c'est là que les **antioxydants** ont leur place dans notre hygiène de vie alimentaire pour être **au service de notre beauté et de notre santé**. Ce sont des espèces d'**adorables champions qui viennent protéger** notre corps de cet excès de radicaux libres, l'aider à lutter contre eux et le soutenir au quotidien.

Les **yaourts grecs** (ou skyr) sont très riches en protéines.

En cas de fortes chaleurs, notre appétit a tendance à diminuer. S'il est important d'écouter sa faim, il faut aussi trouver un compromis lors des journées les plus chaudes pour apporter à notre corps ce dont il a besoin : une boisson lactée protéinée, riche en antioxydants et rafraichissant (grâce à la menthe), est parfaite !

On boira cette boisson à température ambiante (plutôt que glacé) pour éviter d'avoir un impac négatif sur notre système digestif, sensible aux prises alimentaires trop froides.

Ingrédients

5 min
de préparation

1 yaourt grec ou skyr

150 g de fraises

1 à 2 cuil. à café rase de poudre d'açaï

quelques feuilles de menthe fraîche

Matériel nécessaire :
mixeur

Dans notre mixeur, on verse tous les ingrédients et on mixe !

On sert dans un petit bol ou une tasse pour déguster (on peut utiliser une petite cuillère !).

Conseils pour personnaliser + les bienfaits

1 Pour remplacer le yaourt grec ou skyr, on peut opter pour du tofu soyeux, qui sera une bonne alternative végétale ou sans lactose.

2 On peut utiliser d'autres fruits pour remplacer les fraises : pêches, brugnons, cerises dénoyautées, etc.

Énergie boost

100% YUMMY

Cette boisson a une couleur peu ragoûtante : à mi-chemin entre le gris et le kaki, on a peu envie de s'en délecter. Habituellement, j'essaie autant que possible d'allier plaisir visuel et plaisir gustatif, mais j'avoue que **je tenais énormément à la combinaison des éléments composant cette boisson car elle forme une synergie nutritionnelle détonante** !

Attention toutefois, sa synergie est réellement très concentrée et forte. Encore plus forte que le café, le thé ou autre boisson énergisante, elle constitue **un véritable boost d'énergie** (sans les effets délétères de ceux-ci : tachycardie, acidifiants, etc.).

On évitera d'en consommer après 11h du matin.

Ingrédients

2 min de préparation

5 min de cuisson

40 cl de boisson végétale

1 banane

1 à 2 cuil. à café de maca

1 cuil. à café rase de guarana

¼ à ½ cuil. à café d'acérola

Matériel nécessaire :
casserole - mixeur

On verse tous les ingrédients dans un mixeur, et on mélange jusqu'à ce que la préparation devienne homogène (30 secondes à 2 minutes selon la puissance de notre blender).
On verse tous les ingrédients dans un bol à large haut, et on mixe jusqu'à ce que le mélange devienne homogène.

On fait chauffer à la casserole à feu doux pendant 2 à 3 minutes.

On verse dans une tasse et c'est prêt !

Conseil pour personnaliser + les bienfaits

1 Si on souhaite quelque chose d'encore plus fort, on peut ajouter une cuillère à café de cacao cru en poudre ainsi qu'une demi-cuillère à café rase de spiruline !

Cappuccino

100% YUMMY

Un cappuccino est composé d'expresso (un type d'extraction de café), de lait et de chocolat en poudre : c'est gourmand (chocolat), énergisant (café) mais peu digeste (lait). Sur le long terme (et en fonction de la quantité de café et du profil de chacun), le café peut également accentuer une fatigue chronique (après le coup de fouet provoqué par son ingestion).

Je vous propose une alternative gourmande, digeste et saine, tout en boostant notre énergie mais sans les effets délétères.

Le **succédané de café** se trouve en magasin conventionnel ou biologique et est réalisé à partir de céréales torréfiées. Le goût est évidemment différent mais la rondeur et le côté « torréfié » se retrouvent.

On remplace le chocolat en poudre (généralement torréfié et sucré) par du **cacao cru non sucré** : riche en magnésium et en antioxydants, quel merveilleux moyen d'allier gourmandise et énergie !

On opte pour un sucrant riche en minéraux et non raffiné, comme le **sirop d'érable** qui est liquide et qui se dissoudra bien dans notre boisson.

Le **guarana** est une graine aux propriétés stimulantes et énergisantes : une petite quantité suffit !

Ingrédients

1 min de préparation

5 min de cuisson

30 cl de boisson végétale de notre choix

1 cuil. à café rase café soluble

1 cuil. à café de cacao cru en poudre

½ cuil. à café de guarana

1 à 2 cuil. à soupe de sirop d'érable

Matériel nécessaire :
casserole - mixeur

On verse tous les ingrédients dans un mixeur et on mélange (on peut utiliser un mixeur plongeant).

On verse ensuite dans une casserole et on chauffe à feu moyen pendant 5 minutes.

On verse… et on déguste !

Conseils pour personnaliser
+ les bienfaits

1 Si on évite la caféine, on ôtera le guarana de la recette car il en contient.

2 On peut utiliser la boisson végétale de notre choix : riz, avoine, noisette, châtaigne, épeautre, coco, etc.

100% YUMMY

Lait réconfortant
du soir

Voici une boisson réconfortante pour glisser doucement aux pays des songes...

La **noix de coco** contient du **tryptophane** : un précurseur de la sérotonine, précieuse pour un sommeil récupérateur. Ce dernier joue bien évidemment sur notre énergie... mais est précieux pour notre système immunitaire et le renouvellement de nos cellules (donc notre peau et nos phanères).

La **lucuma** est un fruit provenant de la cordillère des Andes. Elle a un goût très réconfortant et riche en « énergie Terre » (selon la médecine traditionnelle chinoise) qui est l'énergie nourricière et réconfortante : le fait de ralentir, prendre soin de soi, se faire plaisir et s'entourer de douceur... parfaite pour le moment de s'endormir.

La **lavande** est connue pour ses effets **apaisants et calmants** : infusée dans notre lait du soir, elle le parfumera pour que nous profitions de ces bienfaits. On peut la remplacer par de l'hydrolat de **fleur d'oranger** (de qualité biologique et alimentaire), qui a des propriétés similaires.

Ingrédients

1 min de préparation

5 min de cuisson

30 cl de boisson végétale au riz

1 cuil. à café de copeaux de coco

1 cuil. à café de lucuma en poudre

½ cuil. à café de fleurs de lavande séchées ou 1 cuil. à café d'hydrolat de fleur d'oranger

1 cuil. à café de sucre de coco (optionnel)

Matériel nécessaire :
casserole

Dans une casserole, on verse tous les ingrédients et on chauffe à feu doux pendant environ 3 à 5 minutes.

On mélange, si besoin, à l'aide d'un petit fouet.

On verse dans notre tasse... et on déguste.

Conseils pour personnaliser + les bienfaits

1 On peut utiliser du beurre de coco (à ne pas confondre avec l'huile de coco), qu'on trouve dans certains magasins bio ou sur Internet. Il s'agit des fibres de coco (copeaux) mixées en une purée solide à une température de moins de 25 °C. Mais, avec l'effet de la chaleur, elle fond et apporte de la rondeur à nos boissons.

2 Le sucre est optionnel : il vaut mieux d'abord goûter la boisson avant de l'ajouter. La lucuma étant un fruit naturellement sucré, elle apporte déjà le goût sucré à la boisson.

Lait pain d'épices

100% YUMMY

Voici une boisson lactée riche en épices **réchauffantes et stimulantes de notre système immunitaire**... tout en étant gourmande. Parmi les nombreuses propriétés du miel, on retrouve ses propriétés **antivirales, anti-inflammatoire et antiseptique**.

Ingrédients

1 min de préparation | **5 min** de cuisson | **5-10 min** de repos

35 cl de boisson végétale à l'avoine
½ cuil. à café rase de mélange pain d'épices
½ cuil. à café rase de cannelle
miel

Matériel nécessaire :
casserole

Dans une casserole, on verse la boisson végétale, le mélange pain d'épices et la cannelle en poudre.

On fait chauffer à feu moyen pendant environ 4 à 5 minutes et on mélange à l'aide d'un petit fouet.

On verse dans notre tasse. Après avoir attendu 5 à 10 minutes que notre boisson refroidisse un peu, on peut ajouter le miel.

Conseils pour personnaliser + les bienfaits

1 On peut ajouter de la cardamome verte si on en apprécie le goût.

2 Pour la boisson végétale : toutes sont les bienvenues avec la synergie gustative de cette recette.

Les bouillons

100% GLOW

IMMUNITÉ • PEAU • ONGLES/CHEVEUX • DIGESTION

Bouillon de bœuf

100% YUMMY

Comme nous l'avons vu : les bouillons d'os sont les boissons les plus puissantes de cet ouvrage !

Véritable panacée nutritionnelle, ils sont autant bénéfiques pour notre peau, nos cheveux et nos ongles, que nos systèmes immunitaire et digestif.

Voici une première recette de bouillon de bœuf. C'est la plus riche en collagène des trois recettes.

Pour la réaliser, on veillera bien à s'équiper d'une **grande casserole à fond épais** d'une contenance de 4 à 5 litres. Ce matériel permet une cuisson homogène et douce pendant de longues heures.

Une fois prêt, le bouillon peut se conserver plusieurs jours au réfrigérateur et même être congelé !

On peut ainsi le préparer durant notre week-end ou pendant des vacances et le congeler en partie.

Ingrédients

5 min de préparation

12 h de cuisson

1 os à moelle
thym
10 feuilles de laurier
5 clous de girofle
3 litres d'eau

Matériel nécessaire :
grande casserole à fond épais (Inox 10/18 ou fonte) d'une contenance d'environ 4 à 5 litres

Dans notre grande casserole spéciale, on verse tous les ingrédients.

On recouvre d'eau (environ 3 litres).

On allume le feu au maximum. Aux premiers frémissements, on diminue au minimum, on couvre et on laisse mijoter environ 12 heures.

Conseil pour personnaliser + les bienfaits

On peut s'amuser et changer les aromates, épices ou légumes en fonction de nos goûts !

Tant que l'os à moelle est là, le reste jouera sur le goût mais ne changera pas les bienfaits de la recette.

IMMUNITÉ • PEAU • ONGLES/CHEVEUX • DIGESTION

Bouillon de poule

100% YUMMY

Et voici une variante au bouillon de poule ! Moins riche en collagène que le bœuf, il reste très intéressant autant pour notre beauté que pour notre santé.

Une **grande casserole à fond épais** d'une contenance de 4 à 5 litres est indispensable pour de longues heures de cuisson à une température très douce.

Une fois prêt, le bouillon peut se conserver plusieurs jours au réfrigérateur et même être congelé : le réaliser lorsqu'on a du temps (en fin de semaine ou pendant les vacances) est une petite astuce pratique pour pouvoir en avoir sous la main ensuite !

Ingrédients

5 min de préparation

12 h de cuisson

1 carcasse de poulet
1 bouquet garni
4 gousses d'ail
1 carotte coupée en morceaux
3 litres d'eau

Matériel nécessaire : **grande casserole à fond épais (Inox 10/18 ou fonte) d'une contenance d'environ 4 à 5 litres**

Dans notre grande casserole spéciale, on verse tous les ingrédients.

On recouvre d'eau (environ 3 litres).

On allume le feu au maximum. Aux premiers frémissements, on diminue au minimum, on couvre et on laisse mijoter environ 12 heures.

Conseils pour personnaliser + les bienfaits

1. En cas de problèmes digestifs chroniques : on retire l'ail (contenant des FODMAPs, il peut aggraver les maux digestifs).
2. On peut s'amuser et changer les aromates, épices ou légumes en fonction de nos goûts ! Tant que la carcasse de poulet est là, le reste jouera sur le goût mais ne changera pas les bienfaits de la recette.

100% YUMMY

Bouillon de légumes,
spécial refroidissement

Ce bouillon est végétarien : composé uniquement de légumes, d'aromates et d'épices, il ne contient pas le collagène, substance intéressante pour ses bienfaits sur notre peau et sur notre santé. Il est toutefois plus rapide à faire (4 heures au lieu de 12 heures) et peut être un **excellent support en cas de refroidissement (rhume, bronchite, etc.)** : deux grands bols par jour (midi et soir), jusqu'à rétablissement.

Le ghee (beurre clarifié) contient de l'**acide butyrique**, un composé intéressant pour les intestins hyperréactifs et inflammés par des troubles digestifs chroniques.

Ingrédients

5 min de préparation

4 h de cuisson

10 cm de gingembre frais

4 cuil. à soupe de ghee (beurre clarifié)

3 carottes

5 feuilles de chou

5 tiges de céleri-branches

4 gousses d'ail

1 oignon

3 litres d'eau

Matériel nécessaire :
grande casserole à fond épais (Inox 10/18 ou fonte) d'une contenance d'environ 4 à 5 litres

Dans notre grande casserole spéciale, on verse tous les ingrédients préalablement lavés et coupés en morceaux (pour les légumes).

On recouvre d'eau (environ 3 litres).

On allume le feu au maximum. Aux premiers frémissements, on diminue au minimum, on couvre et on laisse mijoter environ 4 heures.

Conseils pour personnaliser + les bienfaits

1 Le ghee peut être remplacé par de l'huile de coco pour une variante végétale.

2 En cas de problèmes digestifs chroniques, on remplacera l'ail, l'oignon, le chou et le céleri-branche par un bouquet garni et des épices : clou de girofle, badiane, graines de cumin…

Les boissons fermentées

100% GLOW

● IMMUNITÉ ● PEAU ● ONGLES/CHEVEUX ● DIGESTION

100% YUMMY

Kéfir

Voici la recette du kéfir dont nous avons tant parlé dans la Partie 1 !

Pour la réaliser, il faut d'abord avoir en sa possession des **grains de kéfir** : il est **facile d'en trouver gratuitement** auprès d'un voisin, d'une connaissance, d'un collègue au travail ou en accrochant une petite annonce à notre magasin bio. On peut aussi chercher sur Internet car les réseaux sociaux sont de véritables mines d'or pour cela. Il existe notamment des groupes Facebook dédiés aux échanges de grains de kéfir par région.

Les temps des deux étapes de fermentation sont approximatifs. En effet, **le temps de fermentation varie en fonction de trois facteurs** : la température de la pièce où reposent le bocal, la quantité de grains de kéfir et la quantité d'eau utilisée.

Ingrédients

5 puis 5 min de préparation

12 à 72 h de repos

grains de kéfir

2 cuil. à soupe de sucre blanc ou de canne

fruits séchés (figue, abricot...)

quarts de citron

2 litres d'eau filtrée

1re fermentation (12 à 72 heures)

Au fond de notre bocal, on place nos grains de kéfir.

Par-dessus, on verse deux cuillères à soupe de sucre de canne, deux figues séchées et deux quarts de citron.

On remplit notre bocal d'eau jusqu'au rebord (en laissant environ 3 cm).

On recouvre notre bocal avec une compresse stérile et un élastique.

On laisse reposer notre bocal de kéfir à l'abri de la lumière et à température ambiante (18 °C minimum), entre 24 et 48 heures.
On sait que les grains de kéfir ont terminé leur travail lorsque les figues sont remontées à la surface.

On retire la compresse, les figues et les quartiers de citron.

On presse les quartiers de citron dans la boisson.
Pour les figues : on peut les manger (ou les jeter), elles ne contiennent presque plus de sucre, mais sont totalement comestibles.

Matériel

Bocal transparent d'une contenance d'environ 2 litres

Compresse stérile (pharmacie)

Élastique

Cuillère en bois ou autre matériau (pas en métal)

Filtre en plastique (pas en métal)

Une bouteille en verre de 1 litre ou plus, dotée d'un système de fermeture à charnière

À l'aide d'un entonnoir et de notre filtre en plastique, on verse le kéfir dans notre bouteille. On récupère les grains de kéfir au passage.

On ferme notre bouteille hermétiquement (avec le système à charnière), en laissant au moins 2 cm d'espace entre la boisson et le bouchon.

Une fois cette première fermentation réalisée, le kéfir peut être consommé. Cependant, pour un kéfir plus pétillant et fort, on entamera une seconde fermentation d'environ 24 heures à température ambiante, comme suit.

2de fermentation (12 à 24 heures)

Laissez votre bouteille hermétiquement fermée à température ambiante et à l'abri de la lumière, pendant environ 24 heures.

Au bout de 24 heures, mettez votre bouteille au réfrigérateur (le froid permet de ralentir la fermentation).
Plus le kéfir fermente, plus il est acide et fort.

Conseils pour personnaliser + les bienfaits

1 Lors de la 2de fermentation, on peut parfumer le kéfir par infusion à froid (comme les grains de kéfir sont retirés, ils ne risquent pas d'être endommagés). Pour enrichir notre kéfir de quelques notes, on peut y ajouter **de l'hydrolat de rose ou de fleur d'oranger, des fleurs d'hibiscus, du thé vert ou blanc, des herbes séchées, des fruits rouges, des quartiers de pêches,** etc.

2 Comme nous l'avons vu, le kéfir est intéressant pour son effet **probiotique** : cela fournit à nos intestins des souches de bactéries « amies » qui aident l'organisme à digérer les aliments et à en assimiler les nutriments. Notre flore intestinale est en lien avec plusieurs de nos **systèmes : immunitaire** (joue un rôle sur les allergies, notamment), **hormonal et nerveux** (sommeil et gestion des émotions). Lorsqu'elle est équilibrée, la flore intestinale permet également de **synthétiser (fabriquer et transformer) des micronutriments**. Consommer régulièrement des aliments qui contiennent des probiotiques permet donc d'agir et soutenir ces différents systèmes.

IMMUNITÉ · PEAU · ONGLES/CHEVEUX · DIGESTION

Kombucha

100% YUMMY

La recette du kombucha ressemble beaucoup à celle du kéfir, même si quelques détails varient.

Pour la réaliser, il faut d'abord avoir en sa possession une **mère de kombucha**. On peut en trouver gratuitement sur Internet (des pages Facebook regroupent des passionnés de cette boisson), ou auprès d'une personne de notre entourage.

Comme pour le kéfir, le **temps de fermentation** est approximatif car il **varie en fonction de trois facteurs** : la température de la pièce où repose le bocal, la quantité de mère de kombucha et la quantité d'eau utilisée.

Ingrédients

5 puis 5 min de préparation

4 à 10 jours de repos

2 litres de thé noir refroidi

110 g de sucre blanc ou de canne

mère de kombucha

Matériel

Bocal transparent d'une contenance d'environ 2 litres

Compresse stérile (pharmacie)

Élastique

Cuillère en bois ou autre matériau (pas en métal)

Filtre en plastique (pas en métal)

Une bouteille en verre de 1 litre ou plus, dotée d'un système de fermeture à charnière

On commence par préparer du thé dans notre bocal à kombucha. Pour 2 litres de kombucha, on utilise 8 grammes de thé noir nature et 110 g de sucre.

On laisse infuser environ 5 minutes à 80 ou 90 °C (selon les indications du paquet du thé choisi).

Une fois à température ambiante, on ajoute la mère de kombucha.

On ferme le bocal avec une compresse stérile et un élastique.

On laisse notre bocal et son contenu fermenter pendant 4 à 10 jours.

Plus on attend, plus la boisson sera fermentée et le goût acidulé.

À l'aide d'un entonnoir et de notre filtre en plastique, on verse le kombucha dans notre bouteille. On récupère la mère au passage.

On ferme notre bouteille hermétiquement (avec le système à charnière), en laissant au moins 2 cm d'espace entre la boisson et le bouchon).

Conseils pour personnaliser + les bienfaits

1 Lorsque la mère est retirée, on peut parfumer le kombucha par infusion à froid (elle ne risque ainsi pas d'être endommagée). Pour enrichir notre kombucha de quelques notes, on peut y ajouter **de l'hydrolat de rose ou verveine, des herbes séchées, des fruits en morceaux**, etc.

2 Comme nous l'avons vu, le kombucha est intéressant pour son effet **probiotique** : cela fournit à nos intestins des souches de bactéries « amies » qui aident l'organisme à digérer les aliments et à en assimiler les nutriments. Notre flore intestinale est en lien avec plusieurs de nos **systèmes : immunitaire** (joue un rôle sur les allergies, notamment), **hormonal et nerveux** (sommeil et gestion des émotions). Lorsqu'elle est équilibrée, elle permet également de **synthétiser (fabriquer et transformer) des micronutriments.** Consommer régulièrement des aliments contenant des probiotiques permet donc d'agir et soutenir ces différents systèmes.

Crédits photographiques

©IStock
Couverture : SednevaAnna ; Anthony DOUANNE ; lmo ; PRUDENCIOALVAREZ ; chengyuzheng ; PicturePartners ; Anton Vierietin ; Andrey Elkin ; xamtiw / p. 77 : YinYang ; Redphotographer ; jirkaejc ; CarlosDavid.org ; Everyday better to do everything you love / p. 79 : bpablo ; danielzgombic ; Tetiana Rostopira ; MahirAtes ; Paffy69 / p. 81 : hudiemm ; gresei ; Deagreez ; Dannko ; Marina Demeshko / p. 85 : Marina Demeshko ; PicturePartners ; Tim UR ; CoffeeAndMilk ; kolesnikovserg / p. 89 : tashka2000 ; Andrey Elkin ; Inna Tarasenko ; Nataliya Dmytrenko / p. 91 : OllgaP ; Floortje ; Foxys_forest_manufacture ; Veronika Ryabova ; PeterHermesFurian ; PotaeRin / p. 93 : fcafotodigital ; franckreporter ; supamas lhakjit ; Zulfiska / p. 97 : ma-k ; vmenshov ; Inna Tarasenko ; Deagreez / p. 99 : ALEAIMAGE ; MediaProduction ; jenifoto ; CQYoung ; WDnet ; Magone ; Dean Mitchell / p. 101 : nerudol ; Tim UR ; Anton Vierietin ; laimdota / p. 105 : ALEAIMAGE ; Dizolator ; klenova ; Андрей Елкин ; WDnet / p. 109 : Dimitris66 ;Viktoriia Hnatiuk ; LUHUANFENG ; Inna Tarasenko / p. 113 : kapulya ; IngridHS ; Alexlukin ; bhofack2 ; Liudmila Chernetska / p. 115 : jenifoto ; Roman Samokhin ; WDnet / p. 119 : fcafotodigital ; AaronAmat ; kolesnikovserg ; Andrey Elkin / p. 121 : kutaytanir ; loco75 ; fcafotodigital ; Liudmila Chernetska / p. 125 : duckycards ; matejmm ; Sunnybeach ; gaspr13 ; Tim UR ; Roman Samokhin ; jenifoto / p. 127 : Dmytro ; xamtiw ; Natalia Malivanova / p. 129 : photomaru ; Tim UR ; Zuberka ; A_M_Radul ; Chiociolla ; Pektoral / p. 131 : fcafotodigital ; Tim UR ; pidjoe ; LumiNola / p. 135 : Olivka888 ; RodicaCiorba ; CoffeeAndMilk / p. 137 : kutaytanir ; bingokid ; Taras Dovhych ; Jacob Wackerhausen / p. 141 : DawnPoland ; Geo-grafika ; scisettialfio ; Inna Tarasenko / p. 145 : robynmac ; jopelka ; w-ings ; karandaev ; borzaya ; luiscarlosjimenez / p. 147 : Watcha ; Elen11 ; scisettialfio ; AntonioGuillem ; VvoeVale ; hongquang09 / p. 149 : amriphoto ; Liliboas ; VIDOK ; Rohappy ; Modify260 ; MurzikNata ; Avelina bo / p. 151 : MediaProduction ; photohampster ; evgenyatamanenko ; igoriss / p. 153 : Avalon_ Studio ; jopelka ; VIDOK ; utkamandarinka ; Solstizia ; Tetiana Rostopira ; chengyuzheng / p. 157 : Gizelka ; kolesnikovserg ; Natureveryday ; Everyday better to do everything you love / p. 159 : PirahaPhotos ; AlasdairJames ; kaanates ; soleg ; PicturePartners ; Tetiana Rostopira / p. 161 : didyk ; ranasu ; Kuzmik_A ; Hana Richterova / p. 163 : trigga ; SanneBerg ; Tetiana Rostopira ; MilenaKatzer ; Altinosmanaj / p. 165 : Litvalifa ; pixdeluxe ; Oleksiy Sobol / p. 167 : scisettialfio ; GCapture ; Diana Taliun ; Inna Tarasenko ; Alla Aramyan / p. 171 : lleerogers ; Redgreen26 ; Alexlukin ; subjug ; bymuratdeniz ; ValentynVolkov ; gresei ; Igor Dudchak / p. 175 : s-cphoto ; Magone ; Fascinadora ; LumiNola ; maksim kulikov ; ChristopherBernard / p. 179 : urfinguss ; fongfong2 ; scisettialfio ; Prostock-Studio ; Paperkites / p. 181 : bgfoto ; KrisCole / p. 183 : subjug ; Alain Intraina ; samael334 ; ValentynVolkov ; Anton Vierietin / p. 185 : AVRORRA ; Wealthylady ; Avelina bo ; Minithalie / p. 189 : baibaz ; Flavia Novais ; didecs / p. 191 : Nickilford ; EVAfotografie ; subjug ; eskymaks ; Tsukamoto Kazuhiro / p. 193 : fotograv ; eskymaks ; milorad kravic ; spaxiax ; Everyday better to do everything you love / p. 197 : Adam Smigielski ; Yuri_Arcurs ; bigacis ; Antonel ; Sakorn Jommanee / p. 199 : dra_schwartz ; g-miner ; AnastasiaNurullina ; Stanislav Palamar ; jeffbergen / p. 203 : t_ kimura ; Liudmila Chernetska / p. 205 : sanddebeautheil ; mbongorus ; RodicaCiorba ; unpict / p. 207 : AlasdairJames ; Chinnasorn Pangcharoen ; Pixelimage ; Hyrma ; ALEKSEI BEZRUKOV ; Creative Credit / p. 211 : Alex Potemkin ; Floortje ; Andrey Elkin ; Aleksander Kaczmarek / p. 215 : alexey_ boldin ; Alexey_Arz ; Goodboy Picture Company

Remerciements

Merci à ma maison d'édition de continuer
à me faire confiance pour créer de beaux ouvrages,
au fil des ans.

Merci à Edmond d'être présent au quotidien et
de me soutenir dans les moments difficiles d'écriture !

Merci à mes lectrices et à mes lecteurs,
qui donnent vie à mes ouvrages une fois qu'ils sont
libérés !

Table des recettes

Smoothies

Tisanes

Index des aliments

© Hachette Livre (Hachette Pratique), 2024
Imprint, La maison Hachette Pratique
58, rue Jean-Bleuzen - 92178 Vanves Cedex
www.hachette-pratique.com

Tous droits de traduction d'adaptation et de reproduction, totale ou partielle, pour quelque usage, par quelque moyen que ce soit, réservés pour tous pays.

Direction Hachette Pratique : Catherine Saunier-Talec
Direction éditoriale : Anne Le Meur
Responsable éditoriale : Mélanie Jean
Suivi éditorial : Camille Lenglet
Responsable artistique : Cécilia Rehbinder
Mise en pages : Chloé Madeline
Illustrations : Studio Blick
Préparation de copie et relecture : Émilie Lambert / EliLoCom
Fabrication : Grégory Morin
Responsable partenariats : Dana Lichiardopol (dlichiardopol@hachette-livre.fr)

74-8643-1/01
ISBN : 978-2-01-716549-1

Dépôt légal : janvier 2024
Achevé d'imprimer en novembre 2023 par Estella Graficas en Espagne.

PAPIER À BASE DE FIBRES CERTIFIÉES

hachette PRATIQUE s'engage pour l'environnement en réduisant l'empreinte carbone de ses livres. Celle de cet exemplaire est de :
1,7 kg éq. CO_2
Rendez-vous sur www.hachette-durable.fr